Mein Herz in Deiner Hand

Briefe an Jesus

© 2020 Ute Eppich

Autorin: Ute Eppich

Verlag & Druck: tredition GmbH, Halenreie 40-44, 22359 Hamburg

ISBN:
978-3-347-21354-8 (Paperback)
978-3-347-21355-5 (Hardcover)
978-3-347-21356-2 (e-Book)

Bibliografische Information der Deutschen Nationalbibliothek:
Die Deutsche Nationalbibliothek verzeichnet diese Publikation in der Deutschen Nationalbibliografie; detaillierte bibliografische Daten sind im Internet über http://dnb.d-nb.de abrufbar.

Inhaltsverzeichnis

Jesus, mein Herr und mein Gott,............................3

Deine und mein..............................6

Unser Vater..............................10

Vater und Sohn..............................14

Deine und unsere Dreiheit..............................18

„Ich bin das Licht der Welt!"..............................23

Deine Liebe zu uns..............................26

Über die Liebe zu Dir..............................30

Vergeben..............................35

Beten und Bitten..............................38

Glauben können..............................40

Unser freier Wille..............................44

Dein Wille..............................49

Unsere Schwäche..............................52

Wunder..............................57

Danke..............................61

Deine Gegenwart..............................65

Wie lange dauert die Ewigkeit?..............................68

Zwei Welten..............................72

„In meines Vaters Haus gibt es viele Wohnungen" 77

Dein großes Schulhaus..............................81

Wirklich in Deinem Sinne?..............................85

Unser Verstand...88

Wunderbar hast Du alles eingerichtet..................92

So ihr Glauben hättet 96

Schicksal?..99

Endlichkeit...103

Viele Wege führen nach Rom.............................107

Hochmut...110

Dein Heiligster Name.......................................113

Der jüngste Tag oder das Jüngste Gericht............115

Deine Wiederkunft,..118

Fremd fühlen...121

Deine Gnade..124

Frieden...126

Unsere Zeit...128

Unsere kranke Welt...131

Das laute Leben...134

Sünden mit Deinen Augen sehen.........................138

Verwalter meines Lebens...................................141

Abschied nehmen...144

Freude..146

Liebe Leserin, lieber Leser,

diese Briefe sollten nicht mit kritischen Korrektur-Augen gelesen werden, denn sie wurden mit dem Herzen geschrieben und waren ursprünglich nicht zum Veröffentlichen gedacht. Um die Authentizität nicht zu zerstören, habe ich sie weitgehend im Originalzustand belassen. Also blicke bitte mit Nachsicht über eventuelle Rechtschreib- oder Kommafehler hinweg.

Mit Dank, Ute Eppich, Dezember 2020

Jesus, mein Herr und mein Gott,

immer wieder beschäftigen sich meine Gedanken mit Dir, sozusagen über und um Dich herum. Aber das meiste ist flüchtig, und wenn ich Gedanken, die mir eine kleine Erkenntnis gebracht haben, nach ein paar Tagen noch einmal aus meiner Erinnerung hervor holen möchte, dann kann ich das oft nicht mehr, kann sie nicht wieder in mir lebendig werden lassen. Sie stecken dann wie in einer Schublade fest, die sich verklemmt hat und nicht mehr öffnen lässt. Denn es sind mehr Gefühle als Gedanken, die mir durchs Herz ziehen, und Gefühle sind nicht nach Belieben abrufbar.

Manchmal durchfahren mich Blitze der Erkenntnis, sie sind aber wie die irdischen Blitze Momentaufnahmen, die schnell wieder ins Dunkel versinken und kein zweites Mal mehr mein Bewusstsein erhellen. Deshalb also will ich, so lange ich es noch in Worte fassen kann, für mich aufschreiben, was mir gedanklich manchmal durchs Herz zieht, bevor es ins Vergessen gerät.

Und außerdem – ich denke doch so gern über Dich nach, und das kann ich beim Schreiben in aller Ruhe ... Du brauchst diese Briefe zwar nicht, denn Du weißt ja sowieso, was ich denke. Aber ich brauche sie, um meine sonst so flüchtigen Herzensgedanken auf diese Art für mich selbst zu bewahren.

Ich weiß, dass ich sehr menschlich von Dir und über Dich denke und dieses Denken in Dich hinein projiziere. Die meisten Menschen würden wohl sagen, dass ich naiv bin. Kindlich. Sei's drum. Jeder gehe seinen eigenen Weg, der eine hört „kindlich-naiv" auf die Stimme seines Herzens, der andere auf seinen Verstand. Ich brauche für mich nichts Kompliziertes und keine hochintelligenten Ausführungen, sondern halte mich lieber an die Einfachheit und an „So ihr nicht werdet wie die Kinder ..." Denn das Einfache ist meistens auch das Gute und Wahre. Dein Ausspruch heißt ja nicht, dass wir kindisch werden, sondern einfach nur schlicht glauben und lieben sollen.

Außerdem bin ich kein Theologe, sondern mache mir nur meine eigenen Gedanken über die verschiedensten Themen, aber die reichlich. Und ich werde sie hier auch so aufschreiben, wie sie mir durch Kopf und Gemüt ziehen. Sie sind also nicht vom Verstand geschliffen, sondern aus dem Herzen geschrieben und deshalb auch höchst unvollkommen. Sieh sie also mit milden Augen an und mache mich immer aufgeschlossener für Deine Wahrheiten. Vor allem: Lehre mich, Dich mehr und mehr zu lieben.

Deine Ute

Deine und mein

Jesus, mein Herr, ich nehme an, dass sich kein Mensch Dich so vorstellt wie ich. Jeder hat andere Vorstellungen von Dir, so er denn überhaupt welche hat. Also bist Du so, wie ich Dich in meinem Geist und meiner Seele sehe, mein persönlicher Jesus. Und ich hoffe für mich „dir geschehe nach deinem Glauben."

Aber es gibt auch noch eine andere tiefere Erklärung. So wie Du in mir lebst durch Deinen göttlichen Geistfunken, so gehörst Du zu mir, so bist du Mein. Wir sollen ja mit unserem Eigenwillen immer mehr abnehmen und Dich dafür immer mehr in uns aufnehmen und wachsen lassen. Sich selbst sowohl in unserem innersten Denken als auch im äußeren Tun hintenan und dafür Dich in den Vordergrund zu stellen, ist in unserer kalten, glaubenslosen Zeit, in der uns tausend Dinge ablenken, sogar sehr schwer und muss ständig geübt werden. Menschen, die im Berufsleben stehen und tagtäglich kämpfen, um die Anforderungen zu erfüllen, werden selten diesen Weg nach innen gehen können.

Doch wenn das eine oder andere menschlich Eigene in uns stirbt, kannst Du den freigewordenen Platz in uns einnehmen, kann Dein göttlicher Geistfunken in uns wachsen und uns erfüllen und uns einmal zu Deinen wirklichen Kindern werden lassen. Bis dahin sind wir nur Anwärter auf den Thron der Kindschaft Gottes.

Schon in Goethes Gedicht „Selige Sehnsucht" heißt es:

„Und so lang du das nicht hast,
Dieses: Stirb und Werde!
Bist du nur ein trüber Gast
Auf der dunklen Erde."

Genau das ist doch damit gemeint: Das Eigene absterben und Neues, Göttliches in uns werden lassen.

Und dann meine Unterschrift, „Deine Ute ..." Da Du ein dauerhaft gutes Gedächtnis hast – nicht so ein löchriges wie ich! – kannst Du Dich auch erinnern, wie ich vor Jahrzehnten gedacht habe: Ich möchte gern „Deine Ute" sein. Ich war noch verhältnismäßig jung damals, jedenfalls im Vergleich zu heute. Und ich bat Dich, mich immer davor zu bewahren, mich je von Dir abzuwenden. Ich wollte mein Leben in Deine Hände geben. Dein sein.

Vergessen habe ich das nie. Aber ich habe in der Zeit zwischen damals und heute auch Zeiten gehabt, in denen ich mich von Dir wieder entfernte oder in denen ich gejammert und gefleht habe. Vermutlich haderte ich auch manchmal mit Dir, dass du mir so viele Probleme, so viel Kummer und Schmerzen wie Felsbrocken auf meinen Lebensweg legtest. Und dankbar war ich gewiss auch nicht immer. Ich war und bin nur ein schwacher Mensch, der so gern gesund und einigermaßen sorglos leben wollte und es noch immer möchte.

Ich hoffe, dass Du mir meine Schwäche verzeihst. Denn wenn ich auch schwach war, jammerte und oft verzweifelte – an Dir habe ich nie gezweifelt.

Ich jedenfalls möchte noch immer und für alle Zeit „Deine Ute" sein. Aber dazu brauche ich auch Deine Hilfe und Deinen Schutz, denn aus mir heraus schaffe ich schwacher Mensch das nie im Leben. Ja, ich bin schwach und anfällig, auch für das, was mich von Dir abziehen kann ...

Deine Ute

Unser Vater

Mein Jesus, wir beten „Vater unser ...", und ich weiß, dass Du für uns auch am liebsten der liebevolle Vater, der für seine Kinder sorgt, sein möchtest. Nicht nur, wenn wir in der Kirche das Vaterunser beten – und das auch oft nur gedankenlos und auswendig gelernt – sondern in unserem alltäglichen Bewusstsein. Im Herzen. Immer. Du möchtest nicht der ferne strenge Gott sein, sondern der Vater aller Menschen. Schließlich bist Du auch unser Schöpfer.

Auch deshalb, nicht nur, aber eben auch, bist du auf die Welt gekommen, damit wir eine Vorstellung von Dir haben können, damit Du uns näherkommen kannst. Denn wer kann sich Gott vorstellen? Er ist vom Gefühl her so unvorstellbar und so sternenweit fern. Aber Dich, Jesus, können wir uns vorstellen, denn Du warst eine Zeitlang Mensch wie wir. Du nimmst gewissermaßen in unserer Vorstellung Gestalt an. Menschengestalt. Du hast ja auch gesagt:

Niemand kommt zum Vater denn durch Mich. Darüber lohnt es sich auch, nachzudenken.

Ich denke an die Zeit, als Du auf der Erde lebtest. Damals war wohl das Verhältnis zwischen Kindern und Vätern anders als heute. Damals war der Vater der Ernährer, das immer etwas ernste und Respekt einflößende Familienoberhaupt, das für die Seinen sorgte, sie ernährte und kleidete. Sein Wort war Gesetz. Diese Väter wurden sicherlich geliebt, aber wie ich glaube, eher auf Distanz.

Die meisten der heutigen Väter sind anders, sie spielen mit den Kindern, machen Scherze, lachen und sind sehr nah an ihren Kindern. Lachend kann ich Dich im Geiste nicht sehen, aber lächelnd. Liebevoll lächelnd.

Ich sehe Dich aber auch besonders gern als Tröster, als wunderbarsten liebevollsten Freund, dem ich alles erzählen oder offenbaren kann, der meine tiefsten Geheimnisse kennt, die ich nie einem Menschen offenbaren würde, der bis in den niedersten und dunkelsten Teil meiner Seele blickt und ihn erleuchtet, der versteht und verzeiht. Ich sehe Dich als den Geber aller guten Gaben, als Lebensspender, aber auch – als mein Ziel, meine Sehnsucht, zu der mein Innerstes – meine Seele und mein Geist, der von Dir ausgegangen ist – hinstrebt. Wir sagen auch „heimgegangen", wenn ein Mensch irdisch stirbt. Das bedeutet: Sein Geist ist dahin gegangen, woher er gekommen ist. Heim. In die Heimat zu seinem Ursprung.

Du bist also meine Zukunft. Aber halt, nicht nur Zukunft, sondern auch Vergangenheit und Gegenwart. Du bist der „Ich war, Ich bin, Ich werde sein."

Doch in der Gegenwart habe ich Dich leider wahrscheinlich noch immer zu wenig verinnerlicht. Dafür ist die Welt noch zu mächtig in mir. Trotzdem bist Du ständiger Teil von mir und meinem Denken. Dem Kopfdenken und dem Herzdenken. Du bist auch mein Gewissen, die leise Stimme, die mahnt und mir zuflüstert, dass ich vielleicht Unrecht gehabt habe.

Schließlich bist Du auch der allmächtige Gott, Schöpfer allen Lebens und aller Welten und

Lebensräume. Du bist die oberste Instanz in uns, um und über uns.

Das alles, mein Jesus, bist Du für mich.

In Liebe, Deine Ute

Vater und Sohn

Mein Herr und mein Gott, wie ist es möglich, dass Du gleichzeitig der Vater und der Sohn bist?

Ein alter deutscher Ausdruck ist Gottvater. Also ist Gott unser aller Vater, und Du der Sohn. Wie viele Menschen werden verunsichert sein und nicht wissen, zu wem sie eigentlich beten sollen. Zu Gott, unserem Vater, oder zu Dir, dem Sohn Gottes? Um keinen von beiden zu beleidigen, beten sie einmal zu dem einen und ein nächstes Mal zu dem anderen. Ich kann natürlich nicht die Weisheit einer allgemein gültigen Antwort in Anspruch nehmen, aber ich habe Vorstellungen von Dir, die jedenfalls für mich gültig sind.

Zuerst fange ich einmal mit Deiner Geburt an. Die meisten Menschen glauben partout nicht an die jungfräuliche Geburt. Sie können es ganz einfach nicht, weil sie keine Vorstellungskraft haben. Sie sagen „Das kann nicht sein!", weil Zeugung hier auf Erden eben anders stattfindet und sie sich darüber hinaus nichts vorstellen können.

Ich wundere mich immer über ihre Phantasielosigkeit, die nichts, was über unsere irdischen Grenzen und Beschränkungen hinausgeht, für möglich hält. Denn damit sprechen sie Gott auch die Fähigkeit ab, Leben ganz anders, nach Seinem Willen entstehen zu lassen. Sie beschränken Ihn. Gott, der Allmächtige, der Schöpfer Himmels und der Erde, Schöpfer allen Lebens, aller Weltalle und aller Materie soll kein Kind auf geistigem Wege, also ohne Zutun eines Mannes, zeugen können?! Er kann zwar sonst alles, aber das nicht?! Wer will sich wohl anmaßen, beurteilen zu können, was Er kann und was nicht. Wer wagt es, Ihm Grenzen zu setzen, Ihn so klein zu machen wie wir es sind und Ihn in unsere beschränkten Vorstellungen zu pressen?

Nun, ich bin wieder so naiv zu glauben – oder habe genug Phantasie, es mir vorzustellen – dass Gott sich auf rein geistigem Wege selbst in Maria, dem unschuldigen, blutjungen Mädchen zeugte. Er ließ ein Kind in ihr wachsen, und Maria, die eine hohe Aufgabe zu erfüllen hatte, brachte einen Sohn zur Welt. Dieser Sohn war menschlich und göttlich zugleich. Du, mein Jesus, Gott von Ewigkeit und in alle Ewigkeit, wurdest hier auf dieser kleinen, dunklen Erde geboren. In Dir lebte der göttliche Geist-Vater und gleichzeitig warst Du Sohn, weil Du eine menschliche Seele angenommen hattest.

Gott ist die reine, pure Liebe. Und diese Liebe in Dir war Er, der Vater und Gott. Und was ist der Sohn? Er ist die Weisheit. Liebe und Weisheit – beides gehört untrennbar zusammen wie die Flamme und das Licht, das sie spendet. Die Flamme der Liebe und das Licht der Weisheit. „Ich bin das Licht der Welt", sagtest Du. Und „Ich und der Vater sind eins."

Als Du gekreuzigt wurdest, als Du für die Menschen Dein Leben gabst, da stelltest Du die Liebe zu uns Menschen, also den Vater in Dir, in den Vordergrund Deines ganzen Seins. Du stelltest sie vor die Weisheit. Der Sohn in Dir, die Weisheit, trat zurück und verleugnete sich. Und darum bist Du nicht nur der Erlöser, der Retter, sondern auch unser göttlicher Vater. Wir brauchen nicht das eine Mal zu Gott und ein anderes Mal zu Dir, Jesus, zu beten, um weder Dich noch Gott zu beleidigen. Ihr Beide seid Eins, eine Person, ein Gott.

Aber es ist zugegeben schwer, das Mysterium Deiner Geburt und Kreuzigung, das Eins-Sein von Vater und Sohn, von Liebe und Weisheit oder von Flamme und Licht zu verstehen. Dabei erscheint es mir ganz klar und einfach. Trotzdem bleibt es schwierig, es in Worte zu fassen.

In Liebe, Deine Ute

Deine und unsere Dreiheit

Du, mein Jesus, bist aber nicht nur Vater und Sohn, sondern der Heilige Geist kommt ja noch hinzu, und er ist die Macht in Dir. Du bist also die Liebe, die Weisheit und die Macht.

Ich nehme noch einmal die Kerze zur Hilfe: Wenn eine Kerze angezündet wird, dann gibt die Flamme Licht und strahlt Wärme aus. Also Flamme, Licht und Wärme. Alle drei gehören zusammen, man kann keines vom anderen trennen und gesondert haben. Du bist als Gott eine Einheit, so wie wir als Menschen auch eine Einheit sind, obgleich doch auch wir aus drei Personen bestehen. Aber kein Mensch wird sich als drei Personen empfinden. Wir sprechen von uns selbst immer von einer Person.

Die meisten Menschen meinen allerdings nur Körper und vielleicht noch die Seele, wobei wohl auch schon die Vorstellung von Seele schwammig wird. Was ist die Seele, wo sitzt sie? Der Arzt, der einst sagte, dass er schon viele Leichen geöffnet und noch keine Seele gefunden hätte, war einfach zynisch. Oder ich sage: Er wusste es nicht besser und war nur zu bedauern.

Heutzutage wird die Seele längst nicht mehr bestritten, auch von Ärzten und Wissenschaftlern nicht mehr. Schließlich wissen es in der Zwischenzeit ja alle: Wenn die Seele irgendwie an irgendetwas krankt, wird auch der Körper krank.

Unser Körper ist rein materiell, also stofflich, und damit passend für die schwer- oder dicht-materielle Erde ausgerichtet. Doch die Seele ist feinstofflich, also für unser materielles Auge bis auf Ausnahmen gewöhnlich nicht sichtbar. Sie braucht auf der Erde ein Kleid zum Schutz, denn sie könnte ohne diesen festen Körper hier nicht leben. Sie ist das, was wir „Ich" oder „Leben" nennen. Ohne sie wäre unser Körper doch nur totes Fleisch. Eine widerliche Vorstellung!

Selbstverständlich haben auch Tiere eine Seele. Nicht dieselbe wie wir Menschen, sondern passend zu ihren Lebensbedingungen.

Unsere Seele erfüllt uns, ihr Herz sitzt in unserem materiellen Herzen, ihre Arme und Beine sind da, wo sich unsere materiellen Arme und Beine befinden. Der Phantomschmerz nach einer Amputation, den es rein körperlich nicht geben dürfte, ist der Schmerz der Seele, die ihren zugehörigen Körperteil verloren hat. Dieses Phänomen wird Nervenschmerz genannt.

Eigentlich sollte sich unsere Seele immer bewusst sein, dass sie ein „höheres Wesen", ein Geistwesen ist und mit dem Körper nicht eins. Aber manchmal vergisst sie es und wächst eng mit der Materie zusammen. Dann verliert sie sich in der Welt und den weltlichen Genüssen und weiß nichts mehr von ihrer göttlichen Bestimmung. Und dann kann die Trennung einst sehr schmerzlich sein.

Doch wir haben ja noch mehr Großes und Wundervolles in uns! Den Geist! Aber er ist nicht von Anfang vollkommen in uns, er muss sich erst entwickeln. Zuerst ist er nur ein winziges Teilchen im Herzen der Seele, dann wächst er und erfüllt die Seele, also uns als eine weitere Person. Doch dieses Wachsen ist schon schwer, und bleibt auch oft auf der Strecke. Denn dieser Geist ist so tief in uns verborgen, dass wir ihn nicht mehr bewusst wahrnehmen. Er wächst nur, wenn ihm die Seele eine Chance gibt, wenn sie sich nicht selbst zu sehr mit ihrer materiellen Hülle, ihrem Kleid, dem Körper, verbindet und alles Geistige leugnet. Dann bleibt unser Geist unfertig und unvollkommen.

Und dann, oh großes Wunder, haben wir im Herzen des Geistes tief, tief verborgen und geschützt vor der Kälte und Dunkelheit unserer groben Welt noch den größten Schatz überhaupt, nämlich Deinen göttlichen Geistfunken, der uns mit dir verbindet! Oft wird er jedoch total verschüttet, aber er ist immer da, muss nur freigeschaufelt werden von all dem Unrat unseres Tun und Denkens.

Das dürfen wir nie vergessen: Jeder Mensch, und sei er noch so tief gesunken, trägt Deinen Geist in sich.

Mein geliebter Jesus, einst im Jenseits wird die Seele das Kleid des Geistes sein, so wie hier auf Erden der Körper das Kleid der Seele ist. Wir tragen also ein paar Schichten Kleidung übereinander, denn es ist kalt in unserer Welt ...!

Du hast alles unbegreiflich wunderbar eingerichtet, davon bin ich überzeugt!

Deine Ute

„Ich bin das Licht der Welt!"

Das sagtest Du, Herr. Du bist das Licht, das uns leuchtet, das uns den Weg zeigt in der Dunkelheit der geistigen Nacht, der Leuchtturm, der uns in den Stürmen des Lebens den Weg weist. Und wie oft stürmt es in unserem Leben! Dann scheint die raue See unser kleines Schifflein zu verschlingen, und wir fühlen uns einsam und verlassen. Nur Du kannst uns wie ein Leuchtturm den Weg weisen, der uns wieder in ruhiges Wasser und an festes Land, zu Dir führt.

Du bist uns in Deinem Erdenleben voraus gegangen, und wir sollen Dir folgen. Dieses „Vorausgehen" war Deine Aufgabe, aber Du hattest uns gegenüber einen großen Vorteil: Du wusstest, wer Du warst, Du kanntest Deine Aufgabe.

Doch wie können wir Dir bloß folgen? Ich glaube, einfach, indem wir unser Leben, so wie es ist, annehmen und tragen, was Du uns zu tragen gibst, indem wir geduldig sind mit uns und anderen. Das ist gar nicht so leicht. Wir sorgen uns immer um dies und das, wollen unser Leben verändern und verbessern und sorgen uns in die Zukunft. Nicht jeder hat so einen leichten Sinn oder heiteres Gemüt, dass er alles auf sich zukommen lassen und immer positiv denken kann. Ich habe leider keinen leichten Sinn, aber vielleicht bin ich auch durch viele Erfahrungen „schwer" geworden.

Du sagtest auch „Niemand kommt zum Vater denn durch Mich." Das heißt also, dass keiner ohne Dein Erdenleben und Dein Vorbild zur wahrhaften Liebe und damit auch nach seinem Ableben in die verschiedenen Himmel gelangen kann. Was war aber mit den Menschen, die vor Deiner Zeit lebten?

Sie hatten tatsächlich diese Möglichkeit nicht. Sie konnten nach dem Tod zwar in paradiesische Zustände gelangen, aber damit war auch das Ende erreicht. Erst durch Dich, erst mit Dir können unsere Seelen sich immer weiter entwickeln, sich Dir annähern und entgegenreifen. Nun sind paradiesische Zustände ja auch wundervoll, und viele werden damit auch hochzufrieden sein, aber es ist doch großartig und um vieles hoffnungsvoll leuchtender, wenn es diesbezüglich eben keine Beschränkung gibt, Dir noch näher zu kommen. Und Du hast uns dieses große Geschenk gemacht.

Dein Kommen, Dein Leben und Sterben war und ist bis in alle Zukunft ein einmaliges Geschehen und eine unvorstellbar große Gnade für die Menschheit gewesen, die sich so nicht wiederholen wird.

Deine Wiederkunft, von der auch häufig geschrieben wurde und wird, wird geistig sein und nur in den Herzen der Menschen stattfinden. Das ist meine Überzeugung.

In Liebe, Deine Ute

Deine Liebe zu uns

Geliebter Jesus, manchmal überlege ich, wie es sein muss, so zu lieben, wie Du es tust. So tief, so selbstlos, ohne etwas von uns zu erwarten, so allumfassend. Du liebst anders als wir. Du liebst nicht den einen oder anderen, sondern alle. Was wir unter Liebe verstehen, ist meistens nur ein schwacher Schatten, ein blasser Abglanz der reinen Liebe, der oft auch noch auf Egoismus basiert. Wir lieben fast nur persönlich, einen bestimmten oder mehrere Menschen, den Ehepartner, unsere Kinder, unsere Eltern, die Geschwister, die Familie, Hund und Katze. Aber viel weiter darüber hinaus reicht unsere Liebe meistens nicht.

Haben wir nicht genug von diesem „Liebe-Stoff?!" Doch, wir hätten, wenn wir wollten, unendlich viel zum Verschenken davon. Aber andere, vielleicht sogar Fremde lassen wir selten in unser Herz hinein. Und wir müssten, wenn wir umfassender lieben wollen, unsere Herzenstür auch für die anderen, die Außenstehenden öffnen. Doch meistens bleiben sie außerhalb von uns, sogar dann, wenn wir sie gern haben. Lieben jedoch ist offensichtlich ein anderes Schwergewicht.

Wir können zwar einige Menschen, Tiere, Dinge oder Tätigkeiten lieben, die Natur, aber die ganze Menschheit – dazu sind wir wohl nicht in der Lage. Doch vielleicht verstehen wir unter Liebe auch etwas völlig Verkehrtes.

Wir sollen unseren Nächsten lieben wie uns selbst. Wer aber ist unser Nächster? Einfache Antwort: Der, der gerade um uns ist oder der unsere Hilfe braucht. Das ist noch halbwegs einfach, wenn auch gelegentlich schon schwer. Wir sollen aber auch unseren Feind lieben, und das ist nun gar nicht mehr einfach. Den Feind lieben, den, der mir Schlechtes will?! Wie viel Kraft braucht man dazu, wie viel Gelassenheit! Aber wenn ich das schaffe, dann ist er kein Feind mehr für mich, auch wenn er mich noch immer als Feind betrachtet. Für mich kann er keiner mehr sein, denn wen ich achte, respektiere, akzeptiere, den kann ich trotz aller Vorbehalte nicht als Feind ansehen.

In der Bibel steht „Nun aber bleiben Glaube, Hoffnung, Liebe, diese drei; die Liebe aber ist die größte unter ihnen." All unser Tun, so bewundernswert und großartig es auch sein mag, ist ohne Liebe nichts wert. Das heißt, dass wir alles mit Liebe tun sollten. Alles. Auch schwer, denn es gibt so viel Ungeliebtes, was wir tun müssen! Doch was wir ohne sie machen, ist vor Dir nicht viel oder auch gar nichts wert.

Deine Liebe, Herr, der Stoff, aus dem das Leben ist ...

Sie muss so gewaltig, so mächtig sein, dass sie für sich allein wie ein Feuersturm sein kann und alles an sich ziehen möchte. Du brauchst die Weisheit, um sie in sanfte Bahnen zu lenken. Vom Feuersturm zur sanften Flamme der Kerze ...

Die Liebe braucht die Weisheit, der Vater den Sohn, damit wir Menschenkinder überhaupt den Weg zu Dir finden. Denn Gott allein für sich ohne den Sohn, kann man nicht sehen und sich Ihm auch nie nähern. Er ist, um noch einmal zu dem obigen Bild zu greifen, der Feuersturm der Liebe. Nur in der

Einheit von Liebe und Weisheit bist Du, mein Jesus, für uns Menschen wenigstens ein bisschen erfassbar und, was ich mir sehnsüchtig wünsche, auch einst sichtbar. Ich glaube, dass meine Überlegung gar nicht so absurd ist, wie sie sich vielleicht zuerst anhört oder?

In Liebe, Deine Ute

Über die Liebe zu Dir

In der letzten Nacht fragte ich mich, was an Dir mich schon vor langer Zeit zum Lieben bewegt hat. Ich kann Dich nicht sehen. Worauf begründet sich Liebe dann, wenn man die Person überhaupt nicht sehen und nicht hören kann?

Hier auf der Erde ist es ja leicht, zu sagen, warum man jemanden liebt: Man mag sein Aussehen, seinen Charakter, seine Eigenschaften. Man mag Kleinigkeiten – wie ein anderer Mensch spricht, schaut, lächelt, wie er sich bewegt, sich in bestimmten Situationen verhält und anderes. Alles ist greifbar, sichtbar, verständlich.

Aber Dich kann man nicht sehen, man weiß nicht, was Du denkst oder gerade machst, Dich kann man nicht einfach anrufen und durchs Telefon Deine Stimme hören. Man weiß nicht einmal, ob du zuhörst, wenn man Dich um etwas bittet oder Dich anredet.

Und doch! Man kann dich fühlen, man kann Dich im Herzen hören oder spüren. Aber das Zuhören auf die leise Stimme des Herzens fällt allzu oft schwer oder scheint unmöglich.

Man muss Dich aber auch, um Dich zu lieben, kennen, wenigstens ein bisschen. Kennen? Oh ja, je mehr man sich mit Dir beschäftigt, desto mehr lernt man Dich kennen und – lieben.

Was also liebe ich an Dir?

Liebe ich den großen allmächtigen Gott, den Herrn über das gesamte Weltall, über Trillionen von Sternen und Erden und darauf lebenden Geschöpfen? Dieser Gedanke an die gewaltige, unvorstellbare Macht eines fernen Gottes macht mir eher Angst, obgleich Du ja auch gleichzeitig unser aller Vater bist. Vor Deiner Macht schrecke ich furchtsam zurück. Und mit Angst im Herzen kann man doch nicht lieben. Ich jedenfalls nicht. Gott ist unvorstellbar in seiner Macht, seiner Gerechtigkeit und seiner Liebe, aber auch in seiner Ferne und Unerreichbarkeit. Er ist unvorstellbar in allem.

Und darum, mein Jesus, bist Du auf die Welt gekommen. Nicht nur, um uns zu erlösen, sondern auch ein bisschen, damit wir Dich, Gott, sehen und uns vorstellen können. Ein Mensch mit menschlichen Eigenschaften warst Du. Und da haben wir doch schon etwas an der Hand, um Dich ein wenig fassen zu können, auch wenn wir es niemals ganz vermögen. Aber Du hattest einen menschlichen Körper und eine menschliche Seele. Du hast geredet und gelehrt, gegessen, getrunken und geschlafen. Genauso wie wir. Du hast Dich gefreut und geärgert, und Du wurdest auch enttäuscht. Du kennst also die menschlichen Emotionen aus eigenem Erdenleben. Und so kann und darf ich mir Dich eben als Mensch vorstellen.

Aber ich schweife ab. Ich will über die Liebe zu Dir reden und was ich an Dir liebe. Und nun stelle ich mir Deine endlose Geduld mit uns sperrigen Menschenkindern vor, Deine Sanftmut, Deine Demut, Deine unvorstellbare Liebe zu uns. Am meisten zieht es mich zu Dir hin, wenn ich daran denke, wie Du um unsere Liebe bittest. Und dann – ich geniere mich, es hier niederzuschreiben: Ich kleines schwaches Menschenkind bin manchmal traurig für Dich und mit Dir, geliebter Jesus, mit Dir, Du großer allmächtiger Gott, Vater, Freund, Helfer, Tröster. Ich fühle Deine Sehnsucht nach der Liebe der Menschen und Deine Traurigkeit. Du sollst allen helfen, allen Kraft geben, alles richten, trösten, liebevoll und geduldig sein, musst immerzu verzeihen. Und es macht mich traurig, wie wenig wir es Dir danken und wie wenig Liebe wir Dir zurückgeben.

Trotz Deiner schier endlosen Geduld mit uns musst Du Dir auch noch all die törichten und gedankenlosen Anklagen und menschlichen Vorwürfe und Zweifel an Dir anhören und sie möglichst überhören. Wer aber tröstet Dich, wenn die Menschheit oder auch ein einzelner Mensch wieder einmal gegen Deine Gesetze verstößt? Wenn sie Dich verhöhnen, nicht an Dich glauben und eine immer wirkungsvollere Kriegsmaschinerie erfinden, um sich damit gegenseitig auszurotten, als seien sie wilde Tiere? Wilde Tiere in der Gier nach Macht und Geld ... Du sehnst Dich nach Menschen, die wagen, Dich zu lieben und die sich an Deine Gesetze halten.

In Liebe und Dankbarkeit, Deine Ute

Vergeben

Oh Jesus, was musst Du uns alles verzeihen ...!

Doch ich will gar nicht von den großen weltpolitischen Verbrechen, den Kriegen, den Sünden gegen die uns von Dir gegebene Erde sprechen, nicht von den Lügen und Abgründen der wirtschaftlichen und politischen Verzahnungen, auch nicht von der Macht- und Geldgier einiger weniger, die gewissenlos die Menschheit ausbeuten und betrügen.

Nein, ich will nur über meine eigenen schwärzlichen Flecken auf meiner Seele nachdenken.

Sicherlich gibt es keine rabenschwarzen Abgründe in mir, aber eine blütenweiße Weste habe ich auch nicht. Die hat kein Mensch, denn wir Menschen machen nun einmal Fehler, begehen große oder kleine Sünden, gegen uns selbst und gegen andere. Die meisten allerdings machen wir Normalmenschen unabsichtlich oder weil wir keinen anderen Ausweg sehen. Wir sind lieblos, treulos, nicht immer ehrlich, wir lügen und urteilen über andere und so weiter.

So natürlich auch ich. Im Laufe eines achtzigjährigen Lebens kommt gewiss viel zusammen, habe ich bestimmt auch viele Lieblosigkeiten gegen andere Menschen begangen. Das meiste habe ich längst vergessen. Die eigenen verletzenden Worte vergisst man leider immer schnell. Aber bei Dir im „Großen Buch des Lebens" ist auch alles das aufgezeichnet, womit ich mich nicht brüsten kann. Dafür und für alles andere bitte ich Dich um Vergebung.

Womit ich aber immer schon sehr lange kämpfe, ist die Frage: Wie verzeiht man eigentlich richtig? Denn allein die Worte „Ich verzeihe dir" sind erst einmal nur Worte und leer. Sie müssen mit Leben und der Tat erfüllt werden. Wie merke ich, dass ich wirklich verziehen habe? Darüber denke ich schon so lange nach. Merke ich es daran, dass die Erinnerung an etwas, das man mir angetan hat, nicht mehr weh tut? Oder dass es vollkommen unwichtig wird und ich es vielleicht sogar mit der Zeit überhaupt vergesse? Ich wüsste es gern. Aber wahrscheinlich wird es alles zusammen sein. Etwas habe ich für mich herausgefunden: Man kann den anderen, der uns verletzt oder Schaden zugefügt hat, auch freigeben, innerlich loslassen, damit er nicht mit seiner Schuld uns gegenüber leben muss. Ein anderer Aspekt des Vergebens, aber das gleiche wie Verzeihen.

Das glaubt Deine Ute

Beten und Bitten

Mein geliebter Jesus, meistens rede ich nur in Gedanken zu Dir, so wie jetzt. Das aber kann viel und oft sein. Ich frage Dich zum Beispiel, ohne eine Antwort zu erwarten, „Was sagst Du dazu?", oder „Wie empfindest Du das wohl?" Und dann gebe ich mir manchmal die Antwort selbst. Gelegentlich schaudert es mich auch, speziell beim Fernsehen oder Zeitunglesen, bei dem Gedanken, wie dies oder jenes wohl bei Dir ankommt oder was Du dazu sagst. Einmal, ein einziges Mal habe ich eine prompte Gebetserhörung gehabt, so schnell, dass ich erschrak, als mir aufging, was ich eine Stunde zuvor so heiß erbeten hatte.

Aber so eine fast schon dramatische Gebetserhörung hat es für mich nur dieses Mal gegeben. Wenn Du mir etwas erfüllt hast, dann geschah es immer wie nebenbei, langsam, so als wäre es einfach eine natürliche Entwicklung gewesen. Oder es kam ein Mensch, der mir half. Ich weiß, dass dieser Mensch dann Dein Bote war, ohne dass er selbst es wusste.

Du findest immer Mittel und Wege, um zu helfen, ohne es wie ein Wunder ausschauen zu lassen. Denn ein Wunder würde einen Menschen ja unfrei machen, ihn zwingen, aus Dankbarkeit an Dich zu glauben oder Dich zu lieben. Nein, wir sollen auch ohne Dein direktes Eingreifen an Dich glauben und Dich um Deiner selbst willen lieben, ohne dass Du der große Wunsch-Erfüller bist.

Aber wenn ich auch um viel mehr gefleht und gebetet habe, als mir erfüllt wurde, so weiß ich doch, dass Du mich mein Leben lang beschützend begleitet hast.

Für diesen Schutz gibt es unendlich viele Beispiele in meinem Leben, angefangen in meiner Kindheit ziehen sie sich durch mein ganzes Leben. Man erkennt es leider immer erst spät, wenn man es überhaupt erkennt.

Mein Herz gehört Dir, Deine Ute

Glauben können

Jesus, mein Gott und mein Herr, ich frage mich manchmal mit Staunen, warum ich so glauben kann und darf, wie ich es tue. Was die Ursache war, dass ich von Dir auf diesen inneren Weg geleitet wurde. Ohne Deine Hilfe wäre das am Ende gewiss nicht möglich gewesen, denn es war ja nicht immer so. Ich hatte mich in meiner Jugend abgewandt und behauptete, nicht zu glauben. Warum hast Du Dich damals meiner zwischenzeitlich ungläubigen Seele angenommen und nachgeholfen?

Ich halte dieses Glauben-Können für eine große Gnade, denn so viele Menschen können es nicht. Immer wieder erinnere ich mich an eine kleine Begebenheit während meiner Kindheit. Du weißt, was ich meine. Ich war ungefähr sechs oder sieben Jahre alt, und wir waren bitterarm. Und da kamst Du zu mir …

Eines Tages stand vor unserer armseligen Behausung ein Bettler, und ich war allein zu Hause. Es war mir streng verboten, die Tür zu öffnen, wenn ich allein war. Aber als es an der Tür klopfte, tat ich es doch.

Und da stand er vor der Tür, groß und kräftig. Das Hemd hing ihm aus der Hose, und er bat um Geld. Ich war ein gläubiges und mitleidiges Kind, ging in den Kindergottesdienst und hörte dort die Geschichten aus der Bibel. Und da hieß es doch immer: Jesus kommt als Bettler zu uns Menschen. Da standst Du nun also, ich war fest davon überzeugt, dass Du es warst. Und mein kleines Herz war sogleich voller Mitleid und Liebe. Ich hätte Dir so gern viel gegeben, aber wir hatten ja selbst nichts. So gab ich Dir alles, was noch im Portemonnaie meiner Mutter war, es war überhaupt alles, was wir für diesen Monat besaßen – 1,62 Mark. Und weil mir das für Dich doch viel zu wenig erschien und ich Dir so gern noch etwas Gutes tun wollte, bot ich Dir eine Scheibe Brot an. Dabei litt ich selbst Hunger, litt meine ganze Familie unter Hunger, und das Brot war für jeden von uns streng rationiert.

Doch der Bettler lehnte das Brot ab und flüchtete fast vor mir. Ich folgte ihm bis zur Straße, blickte ihm nach, sah, wie er sehr schnell die Straße entlang eilte, ohne noch in ein weiteres Haus zu gehen und sich dabei mehrmals nach mir umsah, als hätte er Angst vor diesem Kind voller Liebe. Ich war so traurig, dass Du so schnell wieder von mir weg wolltest.

Später habe ich mich gefragt, was der Mann gesehen oder gespürt haben mochte, dass er geradezu ängstlich vor mir, dem kleinen, schwachen Kind, davon gelaufen war. Er war doch ein großer starker Mann gewesen!

Ich glaube, dass es gerade dieses kleine Kindheitsereignis war, die Dich dazu bewogen hat, Dich um mich kümmern, nicht nur, wenn ich schwerkrank war, sondern auch und vor allem, als ich mich vom Kinderglauben gelöst hatte, erwachsen, ungläubig und gleichgültig war.

Es war ein für mich sehr schmerzhaftes Geschehen, das mich wieder zu Dir zog und mich auch dauerhaft veränderte: Du schicktest mir meinen kleinen Engel, der nicht lange bei uns bleiben durfte, mich aber auf den Weg brachte. Damals habe ich wieder beten gelernt. Trotz dieses

Verlustes, den man als Mutter nie ganz verschmerzt, bin ich dankbar für diese Prüfung, dankbar für diese Narbe in meiner Seele, denn ich bin an ihr gereift. Ja, das bin ich wirklich. Mein Baby war unser kleiner Engel, der uns von Dir geschickt worden ist.

In Liebe, Deine Ute

Unser freier Wille

Gelegentlich höre ich den Satz: „Ich kann nicht glauben, ich bin zu kritisch." Und dann kommt gewöhnlich noch ein bisschen lahm hinterher: „Aber ich beneide dich um deinen Glauben." Ich erwidere meistens gar nichts darauf, denn ich fühle mich nicht berufen, jemandem zu belehren. Und was soll man dazu auch sagen? Aber ich denke mir meinen Teil. Kritisch? Ich glaube eher, das ist einfach eine bequeme Einstellung. Man glaubt zwar nicht, will aber auch nicht direkt alles ablehnen. Schließlich – man kann ja nie wissen, ob es nicht doch stimmt, und dann ist es besser, sich alle Türen offen zu halten. Besser, man weist lediglich auf seine Kritikfähigkeit und damit auch gleichzeitig auf die eigene Intelligenz hin, die sich kein X für ein U vormachen lässt, als etwas Unbewiesenes völlig abzulehnen. Wie gesagt: Man kann ja nicht wissen! Und mit dieser Haltung muss man sich ja auch mit nichts auseinandersetzen, lässt sich aber auch die Tür zur Kehrtwende offen. Und eigentlich ist man gänzlich desinteressiert.

Kritisch also soll diese Haltung sein? Oder ist der Mensch etwa nur bequem und lau?

Und dann der Satz „Ich beneide dich um deinen Glauben." Wirklich? Das wiederum glaube ich nicht. Es ist nämlich ein Widerspruch in sich. Denn wenn irgendjemand einen anderen um sein Glauben-Können beneidet, gibt er ja dem anderen schon Recht und sagt damit also: Du hast Recht, aber ich stoße an die Grenzen meiner Vorstellung und Phantasie.

Du, mein Jesus, hörst Dir das alles an – oder hörst Du bei solchen Aussagen vielleicht gar nicht zu? – und lässt jedem Menschen seine freie Entscheidung, ob er glauben will oder nicht. Du hast es nicht nötig, Beweise Deiner Allmacht zu erbringen und schon gar nicht, uns in Angst und Schrecken erstarren zu lassen, so dass wir gezwungen wären, an Dich zu glauben. Du hast alle Zeit der Welt, denn für Dich gibt es gar keine Zeit. Die gibt es nur für uns Menschen. Und diese Zeit-Freiheit arbeitet am Ende immer für Dich.

Dann hört man auch immer wieder den Satz: „Wenn es Gott gäbe, dann würde Er das nicht zulassen." Tja ... Wenn es nur so einfach wäre! Wenn da nicht Dein wunderbares Geschenk des freien Willens an uns Menschen wäre! Wenn Du immer eingreifen würdest, wenn etwas geschieht, oder wir etwas tun, das nicht in Deinem Sinne ist, jedes Unrecht im Keim ersticken, jeden Schaden von uns fernhalten würdest, dann müsstest Du permanent in unser Leben eingreifen. Dann wären wir aber auch nicht frei, dann wären wir Marionetten.

Man stelle sich das bloß konsequent in der Praxis vor: Nichts, aber auch gar nichts könnten wir tun, ohne Dein Eingreifen befürchten zu müssen. Entweder wir stehen immer unter Kuratel oder haben immer unseren freien Willen. Entweder – oder.

Der freie Wille – ein Gnadengeschenk von Dir an uns, das uns erst die Möglichkeit gibt, zu Deinen Kindern zu werden, denn du möchtest freie Menschen zu Deinen Kindern machen, keine Wesen, die durch Deine Allmacht gezwungen werden, sich so zu verhalten, wie Du es möchtest.

Der freie Wille, den Du so hoch bei uns stellst, hat mir als erstes imponiert, ja, er hat mich sogar überzeugt, als ich mich Dir zuwandte. Denn Du weißt ja, ich habe Schwierigkeiten mit Zwängen, nicht so sehr mit den rein äußerlichen wie Gesetzen und Regeln. Nein, es sind eher die innerlichen Zwänge, die mir so zuwider sind und die wir uns oft als ein inneres Gefängnis selbst schaffen. Ich sage dazu auch: sich in selbst geschmiedete Ketten legen. Meine innere Freiheit bedeutet mir sehr viel. Und so wäre ich auch nie ein Kandidat für eine Sekte gewesen. Ich will frei zu Dir kommen und mich freiwillig unter Deinen Willen stellen.

So viel zu meinem eigenen Freiheitsbedürfnis. Aber wir müssen natürlich auch in Kauf nehmen, dass jeder seinen freien Willen hat und auslebt, ausnahmslos jeder sich entscheiden kann, ob er diesen oder jenen Weg gehen will, ob er Böses tut oder Gutes, ob er an Dich glauben will oder nicht, ob er seinem Nachbarn schaden will oder nicht, ob er einen Krieg mit unzähligen Toten anzetteln will oder nicht.

Sowohl der gute Mensch als auch der Bösewicht haben diesen freien Entscheidungswillen, Arme und Reiche, die höchsten Politiker wie auch die kleinen Bürger, Gebildete und Ungebildete. Und Du, Jesus, mischt Dich nicht ein. Du lässt uns diese ganz große Freiheit, auch wenn Menschen unter Menschen leiden. Du lässt die Sonne über allen scheinen. Denn Du hast ja Zeit bis in alle Ewigkeit.

In Liebe, Deine Ute

Dein Wille

Geliebter Jesus, ich habe meine Gedanken über unseren freien Willen aufgeschrieben. Aber was ist dann, wenn wir am Schluss eines Gebetes ergeben oder vielleicht auch nur halbherzig „Dein Wille geschehe" denken oder sagen? Ist das nicht ein Widerspruch?

Einerseits haben wir den so kostbaren freien Willen, andererseits sollen wir uns Deinem Willen unterordnen? Wie passt das zusammen? Denn natürlich denken wir, dass das, um was wir bitten, am besten für uns oder für andere oder sogar am besten für die ganze Welt ist. Wir bitten ja um nichts Böses, sondern nur um etwas, was wir uns heiß ersehnen und von dem wir annehmen, dass es gut für uns ist, zum Beispiel um Gesundheit und Schmerzfreiheit, wir flehen Dich an, dass ein geliebter Mensch nicht von uns genommen oder ein anderer vor drohendem Unheil gerettet wird. Wir bitten um Frieden. Also doch nur Gutes und Edles. Trotzdem werden wir so oft nicht erhört.

Wir können nicht hinter die Ereignisse schauen. Du siehst so viel mehr als wir, weißt um die Wirkungen und Folgen, wenn Du unsere Bitten erhören würdest. Aber Du siehst auch, ob die Prüfung oder die Probleme, unter denen wir gerade leiden, zu unserem geistigen Nutzen und zu unserer Reifung beitragen. Dann wirst Du um unserer selbst willen unsere Gebete nicht erhören und die Prüfungen zulassen, denn Dir liegt unser seelisches und geistiges Wohl mehr am Herzen als unser materiell-körperliches. Das erste ist nämlich für die Ewigkeit, das zweite nur für unser kurzes Erdenleben.

Nur selten erkennen wir lange später, wozu dieses oder jenes in unserem Leben gut war. Meistens aber bleibt es uns verborgen.

Doch zurück zu dem scheinbaren Widerspruch zwischen unserem freien Willen und Deinem, dem wir uns unterordnen sollen. Wenn wir an einem Kreuzweg stehen und uns entscheiden müssen, ob wir nun den linken oder den rechten Weg einschlagen sollten, dann entscheiden wir uns frei, wie wir es für richtig halten. Da redest Du uns nicht dazwischen – es sei denn, Du lässt uns stolpern, oder auf dem Weg liegen so viele Steine, dass wir wieder umkehren und den anderen Weg wählen. Aber auch das bleibt unsere freie Entscheidung.

Wenn wir Dich aber bitten, dass Du uns in einer Lebensprüfung beistehen und uns auf diese oder andere Art helfen mögest und einfügen, dass Dein Wille geschehen möge, dann unterstellen wir unseren Willen ganz freiwillig Deinem göttlichen Willen. Wir entscheiden, dass Dein Wille auch unserer sein soll. Wir müssen das nicht, wir haben ja die Wahl und können uns auch dagegen entscheiden.

Aber wenn wir Dich bitten, unsere menschlichen Bedürfnisse zu erfüllen, dann müssen wir sowieso Deine Entscheidung akzeptieren, wie sie auch ausfallen mag. Die Worte „Dein Wille geschehe", so sie ernst gemeint sind, sind die vorausgehende Akzeptanz Deines Willens. Und so wächst unmerklich in uns Dein Wille, bis wir ganz freiwillig nur noch das wollen, was Du willst.

In Liebe, Deine Ute

Unsere Schwäche

Mein geliebter Jesus, dass ich schwach bin, das weißt Du noch besser als ich. Schwach wie die meisten Menschen gegenüber den Verführungen und Versuchungen der Welt, die uns von Dir wegziehen wollen.

Es gibt harmlose Versuchungen und Schwächen, die Dich nicht verletzen, aber auch solche, die gegen Deine Liebegebote verstoßen und die Dich traurig machen. Aber die, die einem gar nicht auffallen, die so nebenbei im scheinbar harmlosen Gewand daher geschlichen kommen, an die wir uns schon so gewöhnt haben, ja, die wir lieben, sind vielleicht die schlimmsten. Es sind dies unsere täglichen Ablenkungen. Ihnen nachzugeben, ist auch Schwäche, denn sie ziehen uns von den Gedanken an Dich ab. Da sitzt man vor dem Fernseher, beschäftigt sich mit dem Handy, surft im Internet. Es gibt unheimlich viel, das uns vom wirklich Wichtigen in unserem Leben ablenkt, das verhindert, dass wir nachdenken, in uns gehen.

Manche Menschen können nicht allein sein, brauchen ständig Trubel um sich herum, nur um sich nicht mit sich selbst zu beschäftigen und einmal über sich nachzudenken. Dann würde ihnen nämlich die eigene innere Leere bewusst werden. Und das halten sie nicht aus. Ihnen fehlt etwas Grundlegendes. Du fehlst ihnen. Nur leider – sie wissen gar nicht, was ihnen fehlt.

Auch ich benutze die genannten Geräte, die mich ablenken. Andererseits sollen wir uns ja auch im alltäglichen Leben bewähren, uns abzuschotten von der Welt verlangst Du ja gar nicht. Aber wir sollen eben trotz aller Hindernisse, die uns „die Welt" verlockend anbietet, den Weg zu Dir finden. Wir müssen uns also irgendwie durchkämpfen, die Welt zwar nicht ablehnen, aber sie auch nur in Maßen an uns heranlassen. So glaube ich, mein Jesus, und ich wüsste gern, was Du zu meinem Gedankengang sagst.

Und da bin ich bei der Frage, die schon so oft gestellt wurde und immer wieder neu gestellt wird: Die Frage nach dem Sinn des Lebens. Man kommt zu den verschiedensten Ergebnissen, findet entweder nie eine Antwort darauf oder sie ist ganz personengebunden, also nur auf den jeweiligen Menschen ausgerichtet. Da wird die Familie als Sinn empfunden, die Kinder, die Arbeit oder Karriere, Geldverdienen oder möglichst viel davon horten, glücklich sein, anderen Menschen helfen und anderes mehr. All das wird als Sinn des Lebens definiert. Dabei leben wir alle nur aus einem Grund, und das ist dann auch der Sinn unseres Lebens, der so selten verstanden wird.

Wir dürfen hier auf der Erde in diesem Schulhaus leben und all die Prüfungen und Probleme, aber auch das Glück und die Freude, durchstehen, damit wir zu Dir nach Hause zurückkehren können. Denn dadurch, dass wir von Dir ausgegangen sind, diesen Funken Deines Göttlichen Geistes empfangen haben, bist Du auch unser eigentliches Zuhause, unsere Ur-Heimat. Doch um zu Dir zurück zu kehren, brauchen wir natürlich Deine Hilfe und Unterstützung, denn von sich aus kann das der Mensch nicht. Aber wir müssen es wollen und Dich darum bitten, dann kannst Du auch helfen. Denn

„heimkommen" kann nur der, der es auch ernsthaft will.

Du sehnst Dich nach jeder einzelnen Seele, möchtest jede zu Dir an dein Herz ziehen. Denn Du liebst jeden Menschen. Auch den, der gar nichts von Dir wissen will, der Dich traurig macht und enttäuscht, der nie seinen Sinn darin liegen sieht, seine Seele und seinen Geist zu Dir zurück zu bringen. Du liebst ihn trotzdem. Das ist Deine unbegreiflich große Göttliche Liebe. Wir Menschen mit unserer kleinen Liebe können uns diese Tiefe gar nicht vorstellen.

Du liebst diese Erde, die Du geschaffen hast, damit hier Deine Kinder heranwachsen können. Darum hast Du ihnen ja den bewussten Funken Deines Göttlichen Geistes geschenkt, der sie Dir immer näher bringen kann. Aber viele wissen gar nichts von ihrer hohen Bestimmung ...

Ich komme noch einmal auf meine Schwäche und auch auf die Schwäche aller Menschen, sowohl körperlich als auch seelisch, zurück. Wenn sie einem bewusst ist, dann beten wir, bitten wir Dich um

Hilfe, wenden uns immer wieder an Dich. Und das zieht Dich in unser Leben, es hilft uns, Dich nicht aus den Augen zu verlieren. Und das tröstet mich in meiner eigenen Schwäche.

Ich bin Deine Ute

Wunder

Wie oft habe ich in früheren Zeiten mir von Dir, mein Jesus, schon ein Wunder erhofft! Der Kopf weiß wohl, dass Wunder nicht einfach so geschehen, sie schleichen sich meistens wie Diebe unbemerkt durch die Hintertür ein. Aber das Herz ruft eben unabhängig vom Wissen nach dem schnellen Blitz, der alles verändert – denn wer, wenn nicht Du?! – kann denn die plötzliche Veränderung einer bedrohlichen oder verzweifelten Situation aufheben? Aber was wäre, wenn Du uns so, wie wir es uns erflehen, schnipp, ein plötzliches Wunder gewähren würdest? Praktisch vom Himmel fallen lässt?

Doch was ist ein Wunder überhaupt? Für Dich gibt es doch eigentlich keine Wunder, denn Du kannst alles mit einem einzigen Gedanken richten. Was also sollte dann für Dich, der Weltalle erschafft, noch ein Wunder sein?! Aber wir Menschen haben unsere Grenzen. Unsere Möglichkeiten sind trotz des technischen Fortschritts, trotz aller

Errungenschaften der letzten 50 Jahre, trotz wissenschaftlicher Forschungen immer noch sehr beschränkt. Für uns ist alles, was wir mit unserem menschlichen Verstand nicht erklären können, ein Wunder.

Wenn Du uns nun so ein erhofftes Wunder schenken würdest – zum Beispiel das am häufigsten gewünschte Wunder einer Spontanheilung von schwerster Krankheit – was wäre dann mit dem, der so ein Wunder ohne menschliche Beteiligung erlebt? Er müsste Dir ewig dankbar sein und würde Dich aus Dankbarkeit lieben. Er wäre gezwungen dazu. Denn er hat ja mit einem Schlage den Beweis Deiner Existenz und Macht erhalten. Das Wunder würde ihn gewissermaßen richten. Das aber willst Du nicht. Du willst von freien Herzen ohne Zwang geliebt werden, auch ohne dass der Mensch Dich sieht, ohne Beweise Deiner Allmacht, so dass er das „Wunder", das sich über die Hintertür einschleicht, gar nicht mit Dir in Verbindung bringt. Es wird nämlich menschlich erklärbar und verliert damit den aufregenden Glanz des Wunders.

Über die Hintertür? Das kann eine Entwicklung sein, ein Arzt, der helfen kann, ein Mensch, der im richtigen Augenblick am richtigen Platz ist. Es kann auch einfach wie ein Zufall erscheinen, aber es braucht fast immer Zeit. Nichts mit Blitz und Donner! Und wir glauben oft, diese Zeit nicht zu haben. Das ist ein Fehler von uns, dass wir nicht geduldig warten können, bis Du den richtigen Zeitpunkt für gekommen erachtest, um uns eine Möglichkeit zur Hilfe zu bieten. Aber dann wird der Ungläubige es als Zufall ansehen oder den Arzt loben, der Gläubige wird im Stillen ohne große Worte Dir für die Gebetserhörung danken.

Ich habe schon viele „Wunder" dieser unauffälligen leisen Art erlebt.

Trotzdem weiß ich, dass es auch in der heutigen Zeit hin und wieder „Blitzwunder" gibt. Nach welchen Kriterien Du diese Gnade gewährst, weißt nur Du, denn Gnade ist nie fassbar, nicht ergründbar. Sie liegt ganz in Deinem Ermessen.

Die spontanen Antworten auf Bitten oder Wunder hat es zu Deinen Lebzeiten oft gegeben. Das wissen wir aus der Bibel. Die Menschen jener großen Zeit brauchten sie, damit das einmalige Geschehen sie überhaupt erreichte. Wir heute haben alle Werkzeuge an der Hand, um uns ganz ohne Wunder Dir zuzuwenden. Und deshalb geschehen sie so selten.

Das glaubt Deine Ute

Danke

Mein Jesus, ich habe Dir für vieles zu danken. Zum Beispiel für alle Menschen, die ich liebe oder gern habe und die für mich wichtig sind oder auch für die, die mir uneigennützig helfen. In erster Linie natürlich für meine Söhne und meine so liebenswerte Schwiegertochter. Auch wenn ich meine „Kinder" so selten sehe, sind alle drei – jeder auf seine Art – rührend um mich besorgt.

Einmal beim Danken will ich auch alle schon verstorbenen geliebten Menschen in dieses große Danke einschließen: mein Mütterchen, die mich ohne Wenn und Aber geliebt hat, wie ich war und die alles getan hat, damit ich trotz unserer Armut eine gute Schulausbildung und ein Studium haben konnte, meinen Mann und die einstigen Freunde, die uns nahestanden. Sie sind alle schon längst heimgegangen.

Ich kann diesen Kreis noch ausweiten, denn es gibt noch einige, die mich eine Zeitlang begleitet haben und die ich sehr mochte. Aber das weißt Du ja ohnehin. Ich frage mich oft, wo sie jetzt sind und wie es ihnen wohl geht. Ein paar von ihnen würde ich so gern wiedersehen, einst – wenn es in Deinem Willen ist. An erster Stelle natürlich meinen einst kleinen Sohn, der nur kurze Zeit bei uns sein durfte. Ich stelle mir vor, dass er heute vielleicht so ähnlich aussieht wie sein Zwillingsbruder.

Doch während ich so darüber nachdenke, merke ich, für wie viele Menschen in meinem Leben ich Grund habe, dankbar zu sein.

Am meisten bin ich dankbar für Dich. Ich könnte ohne Dich, ohne das Wissen, dass Du da bist, nicht mehr leben. Wie trostlos und grau wäre dann die Welt! Wie schrecklich die Angst vor dem Sterben, dem Nicht-Mehr-Sein ... Denn wer nicht an Dich oder an Gott – wie jeder es auch immer nennen mag – glaubt, kann auch nicht an ein Leben nach dem irdischen Tod glauben. Beides gehört doch untrennbar zusammen.

Wer aber an Dich glaubt, der glaubt auch automatisch an ein Leben nach dem irdischen Tod, vielleicht ohne klare Vorstellungen, aber er fühlt, dass es nach dem Sterben irgendetwas geben muss. Denn die Vorstellung, dass ein liebevoller Vater uns ins Leben gerufen hat, ein paar Jahre mühevoll über diese Erde stolpern lässt und dann auslöscht und ins Nichts fallen lässt – also diese Vorstellung ist für mich einfach absurd. Wir sind kein Spielzeug für Dich.

Nur bei der Frage „was und wie" tappt die Vorstellungskraft der meisten Menschen im Dunkeln. Denn wie so oft mischt sich hier der Verstand ein und sagt im wahrsten Sinne des Wortes von oben herab: „Wie töricht! Das kann nicht sein!" So spricht der Kopf zum Herzen, das so gern glauben will.

Ich aber habe seit Jahrzehnten meine ganz festen speziellen Vorstellungen, das weißt Du, und ich bin froh, dass ich zu Dir darüber reden kann. Zu anderen rede ich nicht darüber, erzähle nur selten einmal von meinen Vorstellungen, die ich bildhaft vor mir sehe. Man muss das, was einem heilig ist, vor dem Spott seiner Mitmenschen schützen. Das habe ich selbst erfahren. Also schweige ich lieber, behüte und beschütze mein kostbarstes Gut, mein inneres Heiligtum, damit es keinen Kratzer bekommt und kein Unrat es besudelt.

Und dabei fällt mir noch einmal eine Strophe aus „Selige Sehnsucht" von Goethe ein, die bestens zu meiner eigenen Erfahrung passt. Ich zitiere:

„Sag es niemand, nur den Weisen,
Weil die Menge gleich verhöhnet:
Das Lebend'ge will ich preisen
Das nach Flammentod sich sehnet."

Vor dreißig Jahren hätte ich die letzten zwei Strophen nicht verstanden. Heute verstehe ich sie ...

In Liebe, Deine Ute

Deine Gegenwart

Mein Jesus, Du hast uns versichert, dass Du immer bei uns bist, alle Tage bis an der Welt Ende. Es gibt ein paar Milliarden Menschen auf der Erde ... Und bei allen willst und kannst Du sein?

Aber ja, Dir ist es möglich, wir müssen uns nur von unseren irdischen Vorstellungen lösen. Wir tragen schließlich Deinen Göttlichen Geist in unseren Herzen! Durch ihn kannst Du ständig bei jedem einzelnen Menschen sein, wenn er es möchte und sich nach Deiner Gegenwart sehnt. Dieser Funke kann wachsen und groß und stark in unserer Seele werden. Dann wächst Du in uns und unser eigenes Selbst nimmt ab – ich schrieb schon darüber. Der Funke ist aber auch manchmal verschüttet, und der Mensch ahnt nicht, welches göttliche Gut in ihm schlummert.

Dieser Funke aus Dir ist auch die Verbindung zu Dir. Ich stelle sie mir wie eine geistige Nabelschnur vor, unsichtbar für uns, aber vorhanden. Sie kann stark oder schwach sein, straff gespannt oder schlapp durchhängend. Das haben wir ganz allein in der Hand. So wie die Sonne unendlich viele Strahlen hat, so kannst Du durch diese geistige Nabelschnur bei jedem Menschen gleichzeitig sein. Wenn wir an der Nabelschnur ziehen oder ruckeln, indem wir unser Herz zu Dir wenden, dann spürst Du es und – bist da.

Aber wir können umgekehrt auch unsere geistige Nahrung auf diese Weise von Dir holen. Trost, Hoffnung, Mut, neue Kraft. Wir holen uns von Dir, was wir so dringend brauchen, tanken im Gebet neue Kraft, schöpfen wieder Hoffnung. So ernährst Du uns.

Alles natürlich geistig und als Entsprechung zu verstehen. Denn natürlich werden wir nicht irdisch satt.

Trotzdem ist auch die innigste Verbindung zu Dir kein Garant, dass es uns gutgeht. Du belohnst nicht etwa alle, die Dich lieben mit Gesundheit, Ruhm oder Reichtum. Deine treuesten Liebhaber haben im Gegenteil oft viel gelitten. Ich denke an Pater Pio, Therese Neumann und andere.

Je mehr wir Dich brauchen und uns bei Dir mit aller für unsere Seele notwendigen Nahrung versorgen, desto mehr wächst Du in uns, umso fester und enger wird die „Nabelschnur" zu Dir. Aber so lange wir als Menschen auf der Erde leben, bleiben wir unvollkommen. Eben Menschen und damit – fehlerhaft.

Deine Ute

Wie lange dauert die Ewigkeit?

Mein Herr und mein Gott, wenn wir von einer Ewigkeit sprechen, dann meinen wir einen Zeitabschnitt, der uns unendlich lang vorkommt. Und diese Ewigkeit kann Minuten dauern oder Jahre. Sie liegt im Zeit-Empfinden des Menschen, der sie als unerträglich lang erlebt. Aber die wahre Ewigkeit, Deine Zeit, ist für uns doch gar nicht vorstellbar. So wie ich mir nicht vorstellen kann, wie viel wohl eine Billiarde oder Trilliarde ist, so kann ich mir erst recht nicht vorstellen, wie lang die Ewigkeit ist. Sie hat kein Ende. Und wir, die wir hier in die Zeit gepresst sind, die immer einen Anfang und ein Ende hat, können uns ein ewiges Leben gar nicht vorstellen. Selbst wenn das jenseitige Leben voller Herrlichkeit und Abwechslung, voller interessanter Aufgaben sein sollte, dann müsste doch meinem – zugegeben höchst beschränkten – Verständnis nach alles einmal ein Ende haben.

Es ist müßig, über dieser Frage nachzudenken, denn ich werde sie nicht beantwortet bekommen, vielleicht nie. Du lebst ewig, das ist gewiss, und Deine Zeitbegriffe sind gänzlich andere als unsere. Du rechnest nicht in Jahren und Tagen, sondern in Jahrtausenden, wenn überhaupt. Für Dich gibt es keine Vergangenheit und keine Zukunft. Für Dich ist alles auf einmal – Gegenwart, Vergangenheit, Zukunft. Du kannst alle Zeiten vor Deinen Augen erstehen lassen und in sie hineinsteigen.

Wie kleinkariert rechnen wir Menschen dagegen mit unseren 80 oder 90 Jahren! Was für eine kurze Zeitspanne sind wir auf der Erde. Der ganze Rest der Ewigkeit wartet noch auf uns. Aber manchmal, mein Jesus, kann auch diese eigentlich so kurze Lebenszeit – gemessen an der Ewigkeit – zu einer großen und zentnerschweren Last werden, dann erscheinen uns Tage oder Jahre, die an und für sich kurz sind, wie trostlose Ewigkeiten. Und dann brauchen wir Dich am meisten. Und ich glaube, dann bist Du uns auch am nächsten.

Es gibt einen wundervoll weisen Spruch von Marie Feesche. Ich fand ihn zwischen den Papieren meiner längst verstorbenen Mutter, mit zittriger Hand auf einem Fetzen Papier geschrieben:

„Lass doch die Sonne der Ewigkeit
strahlen über die Dinge der Zeit!
Ach, wie würden alsdann so geringe
dir erscheinen die irdischen Dinge.
Und wie stille würdest du werden
mitten in Leid und Sorge der Erden,
wenn du die große Ewigkeit
ließest durchleuchten die kleine Zeit."

Marie Feesche

Wenn wir jung sind, dann empfinden wir die Zeit als gerade richtig, sie scheint eher langsam zu verlaufen, und wir können viele Aktivitäten in einen Tag packen. Irgendwann merken wir, dass die Zeit offenbar schneller vergeht, als wir es bis dahin empfunden haben. Und wenn wir alt sind, dann scheint sie uns mit Geschwindigkeit unter den Händen zu zerrrinnen. Das Zeigefühl ändert sich also im Laufe eines Lebens, obgleich ein Tag immer ein Tag und ein Jahr immer ein Jahr bleibt.

Du hast einmal gesagt, dass in Deinem Reich ein Tag wie tausend Jahre sein kann und tausend Jahre wie ein Tag. Ja, wer glücklich und erfüllt ist, dem werden tausend Jahre kurz erscheinen. Und wer unglücklich und elend ist, dem kommt ein einziger Tag so lang vor, als seien es tausend Jahre.

Vielleicht beantwortet das sogar meinen müßigen Gedankengang, ob die Ewigkeit so ganz ohne Ende nicht doch irgendwann einmal endet. Glückliche Seelen, die im Geiste mit Dir Eins geworden sind, empfinden gar keine Zeitabläufe mehr und es wird ihnen auch nie langweilig werden. Und die anderen – darüber mache ich mir ausnahmsweise keine Gedanken.

Mein Herz in deinen Händen ruht.

Deine Ute

Zwei Welten

Mein geliebter Jesus, die Lebenswirklichkeit, in der ich mit Millionen Menschen lebe, ist beherrschend und bestimmt unseren Lebensrhythmus, genau wie die Zeit, in die wir gepresst sind – immer präsent, immer drängend und auffordernd zum Gleichschritt mit der Menge der anderen Menschen. Wir passen uns an die Normalität an – doch was ist normal? – wir wollen uns im Prinzip auch anpassen, wollen sein wie die anderen, nicht aus der Kolonne ausscheren, nicht unangenehm auffallen. Gleichschritt marsch ...

Sie hat uns voll im Griff, die Welt! Welche Leute geben die Richtung vor, in die die Masse dann zieht wie auf einem breiten bequemen Weg, einem Weg, der jedenfalls nicht zu Dir führt? Beeinflusst von der allgegenwärtigen Werbung, kaufen wir Dinge, die wir nicht brauchen, und das, was wir wirklich brauchen, glauben wir nicht zu brauchen. Wir glauben den Lügen der Politiker, weil es bequem ist, aber Deine Wahrheiten interessieren nicht, weil sie unbequem sind. Und wir werden ständig von einigen wenigen, die aus dem Hintergrund heraus agieren, manipuliert.

Ich schrieb weiter oben, dass wir heutzutage auf einen Weg gedrängt werden, der nicht zu Dir führt. Dabei sehe ich ein Bild vor mir, gemalt einst von einer prophetischen Malerin namens Maria Magdalena Hafenscheer. Sie war Österreicherin und eine einfache Frau, die nie zuvor gemalt hatte, jedoch plötzlich wie in Trance damit anfing. Sie hat viele sehr eindrucksvolle Bilder gemalt, die im Besitz der österreichischen Kirche sind. Eines ist mir besonders in Erinnerung geblieben: Ein breiter Weg, auf dem sehr viele Menschen wandern. Neben dem Weg helle Gestalten, die auf die Menschenmenge einzuwirken versuchen, die darum bitten, auf den abzweigenden Pfad zu gehen. Doch nur wenige verlassen die breite bequeme Straße und wählen den schmalen steinigen Pfad, der ins Licht führt ...

Die Masse aber zieht auf der breiten Straße fröhlich musizierend weiter.

Wie können sich Menschen vollkommen dem Ansturm der Werbung und der Welt, die uns bombardieren, sowie den veränderten Moralvorstellungen entziehen? Wie dem, was ihnen tagtäglich wie ein Mantra um die Ohren gehauen wird? Wie den Errungenschaften der Technik, besonders Computer, Handy und Fernsehen, die uns vereinnahmen und vielfach vom wahrhaft Wichtigen ablenken, entsagen? Ich kann ja nicht einmal diesen Text ohne Computer schreiben.

Wir müssten in völliger Einsamkeit leben, um dem völlig zu entkommen. Das aber ist heutzutage kaum möglich, denn Menschen brauchen andere Menschen, und es wäre auch bestimmt nicht in Deinem Sinne, denn dann würden wir auch nicht lernen, den Nächsten zu lieben, weil unser Leben sich nur um uns selbst drehte. Wir könnten Dir deshalb wahrscheinlich auch nicht entgegen reifen.

Also müssen wir viel Kraft haben, um uns wenigstens kleine Inseln zu schaffen, auf die wir uns zurückziehen können. Sonst verlieren wir uns in der äußeren Welt und halten diese für das alleinige Leben. Das heißt aber auch, dass unsere Seele völlig mit dem materiellen Körper verschmelzen würde.

So eine Insel kann die Familie sein, es können Freunde oder Bücher sein oder auch Gespräche mit Dir. Ich habe zwei, drei Inselchen, meine allerwichtigste und schönste, stillste Insel bist Du. Dort blühen meine Gedanken, dort kann ich spazieren gehen oder mich unter einen Baum setzen und auf Dich warten. Es ist nicht besonders geordnet auf meiner Insel, und zwischen den bunten Blumen gedeiht auch Unkraut. Aber dort finde ich Dich, mein Jesus. Und Du lässt auch das Unkraut blühen, sofern es nicht völlig überhandnimmt.

Diese spezielle Insel scheint eine völlig andere Welt zu sein als die des üblichen Lebenskampfes, und mir kommt gelegentlich vor, als lebte ich in zwei verschiedenen Welten. Die äußere und die innere Welt. Zwei Ebenen. Diese andere Ebene geht neben mir her, in Gedanken, die plötzlich aus dem Hier und Jetzt kleine Ausflüge machen und schnell einmal zu Dir fliegen. Du und die geistige Welt schleichen sich oft in meinen Alltag ein, bleiben zwar auch manchmal nur im Hintergrund, sind aber trotzdem präsent, und das macht mich froh.

Doch Du kannst auch streng sein. Und das macht mich auch beklommen. Denn ich glaube, dass Du mit denen, die an Dich glauben und Dich lieben, die also von Dir wissen, auch strenger bist und nicht so unendlich viel Geduld hast, wie mit denen, die nichts von Dir wissen und deshalb auch gar nicht glauben können.

Du bist der Vater, der seine Kinder liebt und deshalb auch mit Argusaugen darüber wacht, ob sie gegen ihre Liebe zu Dir verstoßen. Und ich glaube nicht, dass ich Deinen Ansprüchen auch nur im Geringsten genüge und will deshalb umso mehr auf Deine Gnade hoffen.

Ich fürchte im Stillen allerdings auch noch etwas anderes: Dass Du eines Tages ganz allgemein die Geduld mit den Menschen verlierst ... Und das würde dann schlimm für die ganze Menschheit werden, das wäre die schon in der Bibel angekündigte Apokalypse, die sich keiner von uns wünschen und noch weniger vorstellen kann.

In Liebe, Deine Ute

„In meines Vaters Haus gibt es viele Wohnungen"

Das hast Du, gesagt, Du, der Du mit dem Vater Eins bist. Der Vater in Dir ist die Liebe, und im Haus der Liebe gibt es viele Wohnungen. Das Haus und die Wohnungen, was bedeuten sie, und wo sind sie?

Sie sind überall, vielleicht um uns, neben uns, einfach überall. Wir können sie noch nicht sehen, weil unsere Augen für die geistige Welt noch nicht geöffnet sind. Aber sie ist da, ganz nah bei uns … Hier und im weiten All. Es ist Deine ganze geistige Welt, und sie ist so gigantisch, dass wir sie uns nicht mehr vorstellen können.

Man kann mit unseren Worten auch Jenseits sagen, das sich zwar neben uns befindet, aber auch bis in die Unendlichkeit reicht. Wenn wir uns das mit unseren unvollkommenen Vermögen versuchen vorzustellen, dann ist in Deinem Reich nicht nur Raum für Milliarden Sterne und Erden, sondern auch für unermesslich viele Seelen.

Ich habe Phantasie und Vorstellungsvermögen, aber die Unendlichkeit kann ich genauso wenig fassen wie die Ewigkeit. Also denke ich „groß, gigantisch groß" und plage mich nicht länger mit Unvorstellbarem. Aber immerhin, das weiß ich: Platz ist unbegrenzt vorhanden für viele, viele Ebenen, Sphären oder „Wohnungen." Jede Seele wird ihre eigene Sphäre finden, ihre Lebensumgebung, die genau für sie maßgeschneidert ist. Denn sie entspricht immer ihrem eigenen Inneren. Wie innen so außen. Eigentlich ist das ganz einfach und auch vorstellbar. Wir finden unsere „neue Wohnung", also die neuen Seelen-Lebensumstände, nach dem irdischen Tod genau da, wohin es uns entsprechend unserem innersten Wesen zieht.

Jeder kann sich also schon zu Erdenlebenszeiten seine jenseitige Zukunft bauen, sein Paradies oder eher unerfreulichen Zustände.

Nicht Gott richtet uns am sogenannten Jüngsten Tag, sondern jeder richtet sich ganz allein aus seinem eigenen Innersten heraus. Und ich kann mir vorstellen, dass auch jeder sich nur dort wohlfühlt, wohin ihn seine Liebe zieht.

Würdest Du aus Erbarmen eine Seele in eine lichtere Sphäre als sie ihr entspricht, versetzen, dann würde sie dort bestimmt nicht glücklich sein, weil es gegen ihre Natur wäre. Denn wir bleiben doch erst einmal genau der Mensch, die wir hier sind, nur ohne den materiellen Körper.

Es gibt lichte Sphären und dunklere und ganz dunkle, es gibt das Paradies und tatsächlich und wirklich den Himmel, wobei auch der noch Unterschiede aufweist. Denn auch vollkommene Seelen sind unterschiedlich in der Reife ihrer Vollkommenheit. Wir werden, bloß, weil wir hier sterben, ja nicht gleich vollkommen, werden keine Engel mit sofortiger Wirkung. Oh nein, das wird, so glaube ich, ein langer Reifungsprozess für jeden von uns. Und Engel werden wir sowieso nie. Denn Engel sind symbolisch gesehen Deine verlängerten Arme und Hände, und sie sind als reine Geistwesen von Dir geschaffen. Sie tun das, was Du tust oder willst. Wir dagegen sind und bleiben Menschen und damit fehlerhafte Seelen, die aus freiem Willen zu Deinen

Kindern heranreifen können. So werden wir, wenn wir in unserer Liebe zu Dir, Jesus, wachsen, auch die „Wohnungen" unserer Anfänge in Deinem großen Reich ändern können. Dann ziehen wir um in eine lichtere Sphäre.

In Liebe, Deine Ute

Dein großes Schulhaus

Mein geliebter Jesus, das Leben auf unserer schönen, aber geistig dunklen Erde ist wahrlich nicht immer leicht. Wir sagen ja auch, dass es eine Lebensschule ist. Oder hast Du das gesagt? Was aber heißt das – Lebensschule?

In der normalen Schule lernen wir allerlei Nützliches, und je länger wir die verschiedenen Schulen besuchen, desto mehr lernen wir. Aber immer sind wir auch mit der längsten Schul- und Studienzeit irgendwann fertig und wollen nun das Gelernte in einem passenden Beruf anwenden. Die Lebensschule aber endet nie. Denn es ist Deine Schule, und das Schulhaus ist die ganze Welt.

Wo immer wir uns gerade aufhalten, dort sind wir auch in Deiner Schule, ob wir es wollen und merken oder nicht.

 Du lässt uns lebenslang lernen und reifen, aber Du prüfst uns auch und fragst über das Herz das Gelernte ab. Und wie bei den irdischen Klassenarbeiten erkennen wir nachher, was wir falsch gemacht haben. Du streichst die Fehler zwar nicht rot an wie die Lehrer unserer Kinder- und Jugendzeit, aber Du meldest Dich in unserem Gewissen. Du bist die leise Stimme, die da bohrt und flüstert, die uns unbehaglich fühlen lässt, wenn wir empfinden, dass wir etwas falsch gemacht haben. Und so lernen auch wir aus den gemachten Fehlern. Manche Prüfungen sind hart, die wir zu durchschreiten haben, manche tun unendlich weh, und andere lassen uns verzweifeln. Und manche bestehen wir auch nicht. In der weltlichen Schule hieß das früher: Klassenziel nicht erreicht, sitzen geblieben ...

Doch Du, mein Jesus, Du, unser geistiger Lehrer, verlässt uns trotzdem nicht, gibst nicht auf, uns den Lehrstoff nahe zu bringen. Mit viel Liebe bekommen wir immer wieder Nachhilfestunden, so wir Dich darum bitten und sie annehmen.

Ich bin auch sicher, dass Du für jeden Menschen genau abwägst, wie viel und welche Prüfungen er zu tragen imstande ist, damit es ihm nicht zu schwer werde und er unter der Last zusammenbreche. Es passiert zwar trotzdem, dass Menschen unter ihrer

Last zusammenbrechen, aber ich glaube, dann weiß dieser Mensch nicht, wie stark er in Wirklichkeit ist.

Auch das ist so ganz anders als in der weltlichen Schule: Dein Unterricht ist immer speziell auf jeden einzelnen Menschen abgestimmt. Keiner muss dasselbe wie sein Nachbar lernen, keiner bekommt dieselben Hausaufgaben und Prüfungen, jeder wird für sich unterrichtet.

Merkwürdig, sich das bildlich vorzustellen!

Unser Verstand hat in dieser Art Schule, im Gegensatz zur weltlichen Schule, nicht viel zu sagen. In Deiner Schule wird nur Herz und Gemüt gefordert und geschult. Selbst wenn wir glauben, ein alter, sehr kranker Mensch, einer, dem nichts mehr aus sich selbst heraus zu vollbringen möglich ist, kann nichts mehr lernen, so wissen wir doch nicht, was in seiner Seele vorgeht, ob er dort nicht noch das letztmögliche für seine ewige Zukunft lernt. Und manchmal soll es wohl auch so sein, dass die Pflegenden, die Angehörigen, gerade an diesem hilflosen Menschen lernen und reifen sollen.

Jeder Tag auf dieser Erde, in diesem Schulhaus ist Gnade. Denn nur hier können wir leicht lernen und reifen, leichter jedenfalls als später im Jenseits. Hier kommen wir mit den verschiedensten Menschen zusammen, müssen uns mit ihnen auseinandersetzen und lernen, uns gegenseitig mit Geduld zu begegnen oder Gegensätze zu ertragen. Wir „reiben" uns aneinander und reifen daran. Ein bisschen poetisch ausgedrückt: Wir ranken uns aneinander hoch. Das ist oft unbequem. Und wir haben auch mehr oder weniger große Lebensprüfungen durchzustehen und zu bewältigen.

Im Jenseits dagegen treffen wir nur mit ähnlichen Seelen zusammen. Es gibt dann keine Gegensätze, durch die wir lernen können, es gibt nur Gleiches. Gleich zu gleich gesellt sich gern. Das ist viel schöner und bequemer und bereitet keinen Ärger. Man versteht sich, verkehrt in Harmonie miteinander. Doch dadurch wird es auch schwieriger, Fortschritte in der eigenen Entwicklung zu machen, um sich Dir, mein Jesus, immer mehr anzunähern.

Darum ist hier jeder Tag so wichtig für uns.

In Liebe, Deine Ute

Wirklich in Deinem Sinne?

Geliebter Jesus, wie manches Mal habe ich schon gedacht, dass etwas bestimmt in Deinem Sinne sei oder von dir so „angeschoben" worden ist. Es sind meistens Ereignisse, beziehungsweise Arbeiten, von denen ich das gern glauben möchte. Aber wie oft irre ich mich oder betrüge mich damit selbst? Denn was Du möchtest, kann ich nicht wissen. Und überhaupt, Du willst uns ja gar nicht beeinflussen, etwas Bestimmtes zu tun. Du akzeptierst, was wir machen oder was wir unterlassen. Ich jedenfalls schiebe manchmal etwas in Dein Wohlwollen, weil ich es selbst so gern möchte und Dich sozusagen damit ins Boot holen möchte, um mich vielleicht, möglicherweise auch unbewusst, vor mir selbst zu rechtfertigen.

Ich kannte Menschen, die Dir vieles unterschoben, was sich später als Luftblase erwiesen hat. Du weißt ja, ich kannte in früheren Jahren viele sehr spezielle Menschen, einige davon auf dem Weg zu Dir, einige Betrüger. Ernsthafte und liebenswerte. Jeder muss und soll seinen eigenen Weg finden und gehen.

Denn ein fremder Weg hilft mir persönlich nicht weiter. Alles muss in meinem Herzen selbst entstehen, und genau aus ihm heraus muss ich meine Entscheidungen treffen.

Was ist alles schon in Deinem Namen begründet und gesündigt worden, was hat man Dir schon alles unterstellt! Wie viele Kriege wurden schon angeblich in Deinem Namen geführt?! Diese Behauptung ist in sich schon absurd. Du führst keine Kriege und bist nie auf der Seite einer der Kriegsparteien! Das Wort Krieg gehört nicht zu Dir. Und wie viele haben dadurch einen Widerwillen gegen alles, was mit Religion und Glauben zusammenhängt, bekommen!

Ich bin überzeugt, dass Dir jede Art von Fanatismus zuwider ist. Denn der arbeitet niemals mit Dir, sondern immer gegen Dich. Der Fanatiker will dem anderen seine Form von Glauben aufzwingen und dadurch Macht ausüben. Das verstößt gegen Dein Gesetz des freien Willens. Jeder Fanatiker ist ein Machtmensch, der Dich, besessen von seiner scheinbar eigenen Unfehlbarkeit, benutzt, um seine Ziele zu verfolgen.

Er ist weit weg von Dir ...

Aber Du hast genug Möglichkeiten, um auch den schlimmsten Machtmenschen von seinem Thron, auf den er sich selbst gesetzt hat, herunter zu holen und ihn klein und demütig werden zu lassen.

Das glaubt Deine Ute

Unser Verstand

Himmlischer Vater, geliebter Jesus, Du hast uns den Verstand gegeben, damit wir ihn klug einsetzen und Entscheidungen abwägen können. Wir sollen ja klug wie die Schlangen sein, aber auch sanft wie die Tauben. Der Verstand ist also sehr wichtig in unserem Leben, denn wenn wir ihn nicht hätten oder auch ständig ignorierten, würden wir wohl oft falsche Entscheidungen treffen oder uns falsch verhalten, weil wir stets und ständig nur auf unser Gefühl hören würden. Es ist genauso wichtig wie der Verstand. Wir dürfen keines von beiden vernachlässigen, ausgewogen sollte das Verhältnis der beiden Gaben in uns sein.

Gefühle allein führen uns nur allzu oft hinters Licht, wir brauchen also wirklich als Ausgleich und klugen Ratgeber den Verstand, wenn das Herz oder die Gefühle in uns mal wieder Purzelbäume schlagen!

Aber oh weh, wie sieht es bloß mit der Ausgewogenheit in unserer Zeit aus! Ich fürchte, der Verstand beherrscht uns. Er wird schon den

Kindern im Kindergartenalter eingetrichtert, wird trainiert, indem sie bereits in diesen jungen Jahren lernen und üben sollen. Spielzeug soll nicht mehr nur zum Vergnügen oder Gemüt ausbilden verwendet werden, sondern es soll lehrreich sein und den Verstand schulen. Das Gemüt spielt in der Erziehung kaum noch eine Rolle. Sogar Geschichten müssen weltlich lehrreich sein.

Ich bin noch in einer Zeit aufgewachsen, in der Kinder einfach nur Kinder sein durften, in der man ihnen die Geschichten aus der Bibel erzählte, die zwar auch lehrreich waren, aber nicht in Bezug auf die Welt, sondern für das Gemüt. Und es ist doch so wichtig, das Gemüt der Kinder auszubilden.

Aber wie es in unserer technikbegeisterten und profitorientierten Welt aussieht, in der man mit harten Bandagen kämpft, weißt Du ja selbst am besten. Ellbogen-Mentalität herrscht vor. Dann regiert der Verstand über den Betreffenden, mischt sich immer wieder ein und bestimmt alle Handlungen. Und wenn sich doch einmal das Herz zaghaft meldet, argumentiert er: „Unsinn! Wie kannst Du so etwas nur glauben! Ich bin doch kritisch genug, um mir kein X für ein U vormachen zu lassen!" Oder auch: „Das bringt Dir keine Vorteile, also lass' es sein!"

Er ist also übermächtig geworden, der kühle Verstand in unserer Welt. Klar, wenn Kinder schon im Kleinkindalter darauf getrimmt werden, logisch denken zu lernen, wenn sie schon mit vier Jahren am Kindercomputer sitzen und mit 12 Jahren wahre Genies am Computer sind, so dass ihre Großeltern von ihnen lernen, dann muss das Gemüt bei dieser Vernachlässigung naturgemäß zurücktreten. Wir brauchen uns also auch nicht zu wundern, wenn immer mehr Jugendliche schlicht gemütsarm sind.

Aber der kluge Verstand ist andererseits ein bisschen dumm und kann Herzenssachen nicht fassen. Du hast einmal gesagt – und damit komme ich bei meinen Überlegungen endlich wieder zu Dir! – dass der Weg zu Dir nur drei Handspannen lang ist – genau der Weg vom Kopf bis ins Herz. Du bist also nur mit dem Herzen zu erfassen, nicht mit kühlem Verstandesdenken. Doch dafür muss das Herz oder das Gemüt stark genug sein, um dem

Kopf keine Möglichkeit zu bieten, sich wieder rechthaberisch in den Vordergrund zu schieben!

Aber wenn das Herz dich erkennt und sich an Dich hält, dann entwickelt es immer mehr wundervolle Gedanken um Dich herum! Und dann kann es auch den Verstand überzeugen, der schließlich auch begreift, dass Du sein Meister bist.

Das Herzwissen wird eine starke Nabelschnur zu Dir, mein Jesus, an der der Mensch voller Freude hängt und über die er von Dir geistig ernährt wird!

Ein merkwürdiges Bild, was ich jetzt hier gezeichnet habe. Manchmal hüllen sich meine Gedanken in so bildhafte Vorstellungen!

Mein Herz gehört Dir, Deine Ute

Wunderbar hast Du alles eingerichtet

Mein Jesus, oft denke ich staunend: Wie wunderbar, wie liebevoll hast Du alles eingerichtet! Wenn ich nur an unseren Körper denke – alles ist ausgewogen, es darf nicht ein einziges Teilchen fehlen, ohne dass wir im täglichen Leben behindert sind. Zwei Beine und zwei Arme mit Händen – man stelle sich nur vor, wie es sich mit einem Arm, einem Bein oder einer Hand lebt. Manche müssen durch Unfälle derart eingeschränkt zurechtkommen, und es gibt auch schon gute Prothesen, aber man ist und bleibt trotzdem arg behindert. Könnten es auch je drei Teile sein? Nein, unsere Gliedmaßen wären sich selbst im Wege.

Unser Körper funktioniert einmalig, wenn wir gesund sind, er ist bis ins Allerkleinste wunderbar aufgebaut. Das soll sich so einfach aus der Evolution entwickelt haben? Rein zufällig so perfekt? Nein! Und wenn gewisse Forscher sagen, dass wir vom Affen abstammen, dann behaupte ich kategorisch:

„**Ich** nicht!" Wissenschaft hin oder her: Ich stamme nicht vom Affen ab, sondern von Dir. Denn ich habe, wie jeder andere Mensch, Deinen göttlichen Geist in mir, und deshalb nehme ich auch für mich in Anspruch, von Dir abzustammen!

Und erst die Natur ...! Wie vollkommen passt alles zueinander, wie abwechslungsreich und perfekt vom Kleinsten bis zum Größten ist alles aufgebaut. Wer offen für diese Wunder ist, sieht überall Deine Hand und Deine Liebe. Und wer durch ein großes Teleskop in den Weltraum schaut oder auch nur die überwältigen Fotos von der Tiefe des Alls sieht, der wird vor so viel Größe ganz klein.

Heute habe ich   in einer Dokumentation im Fernsehen den Satz gehört: „Wir sind im Universum der Gewalt von Kräften ausgesetzt, die wir nicht oder kaum verstehen!" Na so etwas ...! Was für blinde Gewalt kann denn da walten?! Wo bleibst Du in dieser Überlegung? Wir sind nur einer einzigen Macht und Kraft ausgesetzt, und das ist Deine. Aber die können wir in ihrer Größe und Stärke noch weniger verstehen als irgendwelche astronomischen Erklärungen, die sich immer nur in unserem irdisch begrenzten Verstand abspielen. Doch ich zweifele nicht daran, dass es darüber hinaus so viel mehr gibt, was wir uns gar nicht vorstellen können.

Aber wie sind die meisten Menschen doch wissenschaftsgläubig! Sie zweifeln nichts an, was irgendwie nach einem wissenschaftlichen „Beweis" riecht. Dabei – wer macht die Wissenschaft, wer behauptet oder beweist Erkenntnisse? Es sind doch die Menschen, die dahinter stehen, die forschen und Erkenntnisse gewinnen. Und Menschen können sich irren. Das haben sie im Laufe der Jahrtausende schon unzählige Male getan und ihre großen Erkenntnisse dann irgendwann revidiert. Auch ein kluger Verstand dringt nicht in göttliche Tiefen oder Geheimnisse vor. Ich stelle mir vor, dass Du wohl gelegentlich über die Versuche wissenschaftlicher Erklärungen von etwas für uns noch gänzlich Unerklärlichem lächelst.

Menschen dünken sich so groß und fortgeschritten, dass sie gar nicht sehen, wie klein wir doch sind. Unsere Größe besteht in etwas ganz anderem – in unserer Anwartschaft auf Deine Kindschaft. Darum beneiden uns Engel, die zwar mächtig sind, aber nicht Deine Kinder werden können, es sei denn – sie werden zuerst als Menschenkinder geboren. Aber dann verlieren sie zwischenzeitlich auch ihre Erinnerung an ihr hohes geistiges Vorleben und müssen genau so klein und schwach wie jeder andere Mensch das Leben meistern. Werden sie es immer und automatisch schaffen, ohne Erinnerung ganz aus sich heraus den Weg zu Dir zu gehen? Ich weiß es nicht, glaube aber, dass sie durchaus auch ihr hehres Ziel verfehlen können.

Wie viele große Geister, Genies in Malerei und Musik, oder auch Propheten und andere Verkünder Deines Evangeliums oder auch ganz stille Menschen, die „nur" in die Tat umgesetzt haben, was Du verkündet und gepredigt hast, mag es in den zwei Jahrtausenden schon gegeben haben, die eine himmlische Vorgeschichte hatten! Trotzdem werden es nur vergleichsweise wenige sein, denn die normalen Erdenmenschen müssen ja auch ihre Lebenschance bekommen. Das glaub ich.

In Liebe, Deine Ute

So ihr Glauben hättet ...

Geliebter Jesus, es ist ja gut und wichtig zu glauben. Ohne diesen Glauben an Dich, das schrieb ich schon einmal, wäre das Leben für mich undenkbar, es kommt mir allein schon bei der Vorstellung grau und trübe vor. Aber der Glaube ist nicht alles. Glauben kann man etwas, auch ohne es zu verstehen, ohne es ansatzweise zu begreifen. Ich stelle mir vor, dass Glaube an sich äußerlich bleibt, nicht wirklich ins Herz einfließt.

„Wenn ich mit Menschen-, ja mit Engelszungen redete und hätte aber die Liebe nicht, so wäre ich ein tönendes Erz oder eine klingende Schelle ... Und wenn ich all meine Habe den Armen gäbe und für Christus durchs Feuer ginge und hätte aber die Liebe nicht, es nützte mir nichts ...“

So steht es in der Bibel. Und so ist es auch mit dem Glauben. Ohne Liebe bleibt er leer und kalt. Einfach nur zu glauben ist zu wenig. Wenn wir aber Liebe hinzugeben, wenn also der Glaube aus unserem

Kopf ins Herz wandert, dann wird er warm und lebendig.

In früheren Jahren, als ich noch gelegentlich über meinen Glauben gesprochen habe, was ich ja heute nicht mehr mache, wurde ich auch etwas aggressiv gefragt: „Woher weißt du das? Das kannst du doch gar nicht wissen!" Manchmal habe ich darauf geantwortet: „Es gibt ein Wissen, das man im Kopf hat, und es gibt ein Wissen, das man im Herzen hat. Ein Herzenswissen. Und das, was ich glaube, ist so ein Herzenswissen."

Aber heute rede ich nicht mehr darüber, man lernt mit den Jahren stille zu sein und das Wichtigste seines Herzens für sich zu behalten. Ich will schon um meinetwillen kaum noch mit anderen über Dich reden, weil es mir in der Seele weh tut, wenn sich andere abfällig äußern und immer mit denselben Argumenten gegen Dich daherkommen. Und davor muss ich mich schützen. Ich kann auch nicht gut argumentieren, das weißt Du. Du hast ja auch gesagt, man solle die Perlen ... und so weiter.

Aber um noch einmal auf den Glauben zurück zu kommen. Er ist immer zu klein, auch wenn wir denken, er sei groß und fest. Wenn unser Glaube nur so groß wie ein Sandkorn wäre, dann könnten wir Berge versetzen. Oh, wo sind wir damit?! Keine Chance, je so stark zu werden ... jedenfalls nicht in diesem Leben.

Deine Ute

Schicksal?

Gibt es so etwas wie Schicksal – vorherbestimmt von Dir? Das ist auch eine Frage, die mich hin und wieder beschäftigt. Ein Sätzchen, das von Schiller stammt, aber fast zum Sprichwort geworden ist, behauptet „Dein Schicksal ruht in deiner eigenen Brust." Wirklich nur in meiner Brust? Oder gibt es nicht auch so etwas wie Vorbestimmung?

In jeder Menschenbrust schlägt ein Herz, und in diesem äußeren Herzen befindet sich auch das Seelenherz. In diesem das Herz unseres Geistes, denn wir sind Geistwesen. Und dort drinnen, tief, tief in uns verborgen, ruht unser größter Schatz, Dein göttlicher Geistfunken, so klein und für Menschenaugen gänzlich unsichtbar. Ich hatte das ja schon einmal geschrieben, aber hier noch einmal zur Erinnerung. Und wieder denke ich voll Bewunderung: Was für Tiefen gibt es in uns, was für große Geheimnisse in uns und um uns herum, die wir als Menschen nie lüften werden. Das größte Abenteuer des Lebens ist doch der Weg nach innen!

Doch ich schweife ab und wiederhole mich! Zurück zum göttlichen Geistfunken, der so tief in uns verborgen liegt, geschützt vor der groben materiellen Außenwelt. Er ist unser Schicksal oder kann es zumindest sein. Geben wir diesem Geistfunken die Chance sich zu entfalten, indem wir unser Gemüt ausbilden – und nicht nur unseren Verstand – dann wird unser Schicksal sich anders entwickeln, als wenn wir nur Wert auf die Ausbildung unseres Verstandes legen. Wir werden andere Prioritäten setzen.

Doch das heißt nicht, dass es dem, der sich seines göttlichen Geistfunkens bewusst ist und sich bemüht, diesen zu hegen, dabei irdisch gut gehen muss. Möglicherweise ist gerade er sogar mehr Angriffen ausgesetzt als andere. Doch darüber will ich nicht nachdenken. Du, mein Jesus, verfolgst Deine Ziele mit jedem von uns.

Aber natürlich meint der Ausspruch von Schiller auch noch etwas anderes: Wir können entscheiden, was wir lernen, ob wir diesen oder jenen Beruf ergreifen, in dieser oder jener Stadt leben wollen, wir können auch entscheiden, mit wem wir zusammen leben oder befreundet sein wollen. Wir wählen die Wege, die wir gehen und welche Richtung unser Leben nehmen soll. All das liegt ja bei mir oder auch in der Erziehung, die mir zuteil geworden ist.

Aber gibt es nicht doch noch etwas, das sich wie Schicksal anfühlt, so, als ob es noch über unseren getroffenen Entscheidungen steht?

Ich glaube, dass Du, mein Jesus, uns so eine Art Dach gibst, unter dem wir uns zwar frei bewegen, aber nicht komplett ausbrechen können. Wir können also im Kleinen über uns bestimmen und mit der Kraft unseres Willens auch aus einem scheinbaren Schicksal ausbrechen, aber das große Gebäude um uns bestimmst Du. Manchmal empfinden wir eine Aufgabe oder den Beruf als Bestimmung, oder Du hast uns eine Begabung in die Wiege gelegt, die unbedingt ausgelebt werden muss. Du berufst uns also, stellst uns oft auf einen Platz, auf den wir nie wollten, oder vor Entscheidungen, die wir selbst nicht angestrebt haben. Du berufst uns, und wir entscheiden, was wir aus dieser Berufung machen.

Es ist auch Schicksal, in welches Land und soziale Umfeld wir hinein geboren werden.

Jedenfalls ist es gut zu wissen, dass Du über allem stehst und uns wie auf steilem und engem Bergpfad ein Halteseil in die Hand gibst, damit wir nicht in den Abgrund stürzen ... Und ein Dach, das uns vor tödlichen Blitzen bewahrt.

Und so gibt es eben doch das Schicksal, das letzten Endes Du in Deinen Händen hältst!

In Liebe, Deine Ute

Endlichkeit

Mein lieber Jesus, alles Leben auf Erden ist begrenzt und damit vergänglich. Das wissen wir alle – doch nehmen es viele Menschen nur oberflächlich zur Kenntnis. So richtig in ihr Herz wollen sie diese Tatsache oft nicht einlassen. Zu schwer und bedrückend scheint der Gedanke an Tod und Sterben zu sein.

Wir werden geboren und wir sterben, diese beiden Ereignisse sind für jeden von uns einmalig und unumkehrbar. Die Zeit dazwischen schließt unser Erdenleben ein. Und keiner weiß, wie lange diese Zeit für ihn bemessen ist.

Aber nicht nur jedes irdische Leben endet, auch alles andere ist den Veränderungen der Zeit unterworfen. Gebäude zerfallen oder werden abgerissen. Schlösser, Prachtbauten und Denkmäler künden von der scheinbaren Macht von Herrschern und Kriegsherren – und sind Jahrhunderte später als Ruinen nur noch für Touristen interessant. Landschaften ändern sich, weil Wälder abgeholzt und andere neu angelegt werden. Menschen bauen Ortschaften, Vulkanausbrüche und Erdbeben oder Fluten zerstören sie. Nichts bleibt so, wie wir es gerade erleben.

Diese Veränderungen haben mich immer bewegt. Da wird ein berühmter Mensch mit großem Getöse zu Grabe getragen – und ein paar Jahre später denkt kaum noch einer an ihn. Aber auch der einfache Mensch, der zu seinen Lebzeiten geliebt wurde, gerät genauso in Vergessenheit. „Das Leben muss weitergehen", so sagt man achselzuckend und wendet sich der Tagesordnung zu. Das stimmt ja auch, denn auch der Verlust gehört zum Leben.

Nur eines macht mich immer nachdenklich: Wie können Menschen, wenn sie doch täglich Tod und Veränderung erfahren, ihn für sich leugnen und im geheimen glauben, dass sie dauerhaft hier auf Erden leben werden? Darüber wundere ich mich immer wieder. Warum bleibt Tod ein Tabuthema? Selbst Alte oder Senioren, wie man heute beschönigend sagt, wollen nichts von ihm hören.

Es ist wahrscheinlich die Angst vor dem Unbekannten.

Aber ich denke noch einmal an Gebäude. Am meisten haben mich die Dokumentationen über Tschernobyl bewegt. Miethäuser, aus denen im dritten Stock durch die zerborstenen Fensterscheiben ein Baum heraus wächst ... Wildnis, die die Treppen hochkriecht, ein verlorenes Foto auf dem dreckigen Fußboden einer ehemaligen Wohnung, ein einsames Riesenrad, das scheinbar anklagend sein Gestänge in den Himmel reckt ... Und Mauern, denen man die Gefahr zwar nicht ansieht, aber von denen man weiß, dass sie strahlen und noch in vielen Jahren strahlen werden. Eine Stadt, dauerhaft unbewohnbar. Wald erobert Straßen und Häuser, und Ruinen erzählen nur noch von der Vergangenheit. Wölfe streifen durch die ehemaligen Gassen. Solche Filme oder Fotos, berühren mich immer stark, denn sie machen mir den Verfall, die Veränderung und unsere Begrenztheit besonders deutlich.

Wie ist es möglich, dass Menschen bloß so schnell vergessen ...? Nach dem 2. Weltkrieg hieß es: Nie wieder Krieg! Und jetzt? Jetzt spielt man wieder mit dem Feuer, als wäre Krieg nur ein Computerspiel. Und wenn dann der reale Tod wieder um sich greift, klagen die Menschen: Wie kann Gott das zulassen?! Schüttelst Du nicht manchmal den Kopf über uns? Warum können wir so schwer aus Erfahrungen lernen? Das fragt sich

Deine Ute

Viele Wege führen nach Rom

Ein geflügeltes Wort, geliebter Jesus. Und ich bin überzeugt, dass auch viele Wege zu Dir führen. Die einen gehen einen geraden Weg schnurstracks, die anderen einen Umweg, und noch wieder andere schlagen viele Abzweigungen ein, weil sie gar nicht bei Dir ankommen wollen. Doch irgendwann, vielleicht erst in ferner Zukunft, führen alle Wege zu Dir und zu Deinem heiligsten Namen Jesus, wie groß die Umwege auch sein mögen.

Auch ich bin in jungen Jahren auf einen kleinen Umweg geraten. Er war nicht sehr lang, aber zuerst bockte ich, sagte, „nein, ich glaube nicht mehr!", später lockte mich das Mystische, Unbekannte, was allerdings sehr schnell seinen Reiz verlor. Dann habe ich begriffen, dass der Weg zu Dir, der auch gleichzeitig der Weg nach innen ist, das schönste, spannendste und größte Abenteuer schlechthin ist.

Du bist der Gott aller Menschen, wenn Du auch anderswo einen anderen Namen hast. Und ich kann mir vorstellen, dass Du die Menschen der verschiedensten Glaubensrichtungen auch im großen Jenseits in ihrem Glauben belässt, so lange, bis sie sich einmal selbst zu Deinem Heiligen Namen bekennen. Du hast schließlich viel Zeit! Die Hauptsache ist doch, dass Menschen glauben und suchen und sich im Rahmen ihrer Religion zu ihrem Gott bekennen. Ohne Fanatismus.

Du willst ja, dass wir Freude am Leben haben und dankbar das Geschenk, das Du uns damit machst, genießen, Du willst, dass wir glücklich sind, aber immer mit Dir im Herzen. Es freut Dich, wenn wir durch unsere technischen Errungenschaften uns das Leben erleichtern können, aber wir sollen uns auch nicht zu sehr dadurch von Dir ablenken und abziehen lassen. Und das ist heutzutage schwer. Denn die Möglichkeiten und Verlockungen, sich oberflächlich abzulenken und dabei jeden Gedanken an unsere göttliche Bestimmung zu verdrängen und wegzuschieben, ist riesengroß.

Hilf mir, dass meine Liebe zu Dir trotz all der Ablenkungen rundum wächst und ich Deinem Herzen immer näher komme! Das wünsche ich mir von Dir.

Mein Herz in Deiner Hand, Deine Ute

Hochmut

Du, mein Herr, hast gesagt, dass Hochmut die schlimmste Sünde ist. Und wir Menschen haben ein kurzes Sprüchlein, das immer stimmt: „Hochmut kommt vor dem Fall." Es bedeutet, dass ein hochmütiger Mensch irgendwann tief fällt. Zuerst der Hochmut, dann der Absturz. Merkwürdig nur, dass hochmütige Menschen das nie realisieren, sie dünken sich sicher. Der tiefe Fall betrifft ihrer Meinung nach immer nur die anderen, die vermutlich etwas verkehrt gemacht haben, aber sie selbst machen ja nichts verkehrt!

Wir hören es doch so oft und sagen es selbst von anderen, dass wir gar nicht mehr zur Kenntnis nehmen, wie viel Hochmut dahinter steckt: „Er ist doch selbst schuld!" Das bedeutet doch immer, dass wir überzeugt sind, solche Fehler nicht zu machen, nicht so faul zu sein, nicht gegen diese oder jene Regel zu verstoßen. Wir sind also unserer Meinung nach die besseren Menschen. Wir urteilen …

Oh, auf was für ein Glatteis begeben wir uns damit!! Hochmut kommt vor dem Fall, und auf Glatteis rutscht man bekanntlich leicht aus und fällt!

Geistiger Hochmut. Man dünkt sich aus diesem oder jenem Grunde besser oder klüger als andere. Oder weil man gesund ist und der Kranke nebenan bestimmt selbst schuld an seinem Gebrechen ist, während wir ja gesund sind! Wahrscheinlich hat er sich geistig etwas zuschulden kommen lassen!

Gesunde und gläubige Menschen haben manchmal diese Einstellung. Sie sind überzeugt, weil sie gesund sind, dass sie wohl vor Dir ohne Schuld sind und Du sie deshalb von Krankheiten verschonst. Sie vergessen dabei, dass Du auch die Kräfte einem jeden Menschen zugeteilt hast.

Jedenfalls zeugt diese Denkweise in meinen Augen auch von geistigem Hochmut. Es klingt so wie „ Ich danke Dir, dass ich nicht so bin wie jene da ..." Jeder kennt wohl diesen Satz.

Wir tappen oft in diese Falle, indem wir nur so ganz nebenbei über einen anderen urteilen. Wir tun es völlig unbewusst und merken dabei gar nicht, dass auch dies ein Zeichen von geistigem Hochmut ist.

„Richtet nicht, damit auch ihr nicht gerichtet werdet!" Ein gewöhnliches Sprüchlein im Volksmund sagt es auch: „Was du nicht willst, dass man dir tu', das füg' auch keinem anderen zu."

In Liebe, Deine Ute

Dein Heiligster Name

Jesus – der Name aller Namen … Wenn ich ihn in meinem Herzen wirken lasse, ohne anderen Gedanken Raum zu geben, ohne Bitten und Beten, ohne sonst mit Worten zu Dir zu sprechen, also ganz leer bin, nur diesen Heiligsten Namen in mir klingen lasse, dann erfüllt mich ein tiefes Glücksgefühl. Es ist das Bewusstsein, dass ich mit Dir verbunden bin.

Geliebter Jesus, leider kann ich diese Momente, in denen alle Gedanken schweigen, nur Du wie ein leiser Glockenton in mir klingst und schwingst und mich mit so großer Freude erfüllst, nicht ausdehnen oder halten. Die Gedanken schweigen nicht lange, sie wollen sich einfach nicht ausschalten lassen und melden sich bald zurück. Sie stören!

Dein Heiligster Name wirkt durchs ganze Universum. Wie, das können wir nicht fassen. Wir wissen auch nicht, was er vielleicht rund um die Erde bewirkt, wir wissen nicht einmal, was Gedanken überhaupt bewirken, welchen Einfluss sie auf andere Menschen haben und welchen geistigen Gedanken-Einflüssen jeder einzelne Mensch ausgesetzt ist. Denn die kann man sich nicht aussuchen, sie sind unsichtbar um uns herum, greifen uns an, machen uns möglicherweise aggressiv oder auch fröhlich – was wissen wir schon von diesen Zusammenhängen? Gedanken sind Kräfte. Nicht nur unsere eigenen, sondern auch die aller Menschen.

Ich jedenfalls glaube, dass wir mit Deinem Namen, so oft wir ihn in Andacht denken oder für uns aussprechen, nur das Allerbeste für die unsichtbare und sichtbare Welt um uns herum bewirken können.

Doch das ist ja nur ein Nebeneffekt und nicht der Grund, warum ich Deinen Namen so gern in mir lebendig werden lasse. Ich „ruckele", wie ich es schon einmal in einem Brief an Dich so bildlich ausdrückte, mit ihm an meiner Nabelschnur zu Dir, weil ich Dich liebe und mit Dir in Verbindung treten und auch bleiben möchte.

Mein Herz in deinen Händen, Deine Ute

Der jüngste Tag oder das Jüngste Gericht

Mein Jesus, was für ein furchterregender Begriff! Ich erwähnte ihn schon einmal in einem meiner vorigen Briefe, doch ich will diesen Begriff noch einmal für mich beleuchten. Was für Schindluder wurde mit ihm schon von der Kirche und von Sekten getrieben. Alle, die ihn predigen, wollen Menschen in Angst und Schrecken versetzen, um sie zu beherrschen ... So viel Unglück ist damit angerichtet worden. Und dann auch noch die Schreckensbilder und Visionen alter Maler ...

Es gibt höllische Zustände, ja, die gibt es wirklich, denn manche Menschen tragen die schon in sich, wenn sie hinübergehen. Sie brauchen keinen Richter, der sie dorthin „zwangseinweist." Ihr Inneres ist ihr eigener Richter. Sie finden ihren Weg also allein.

Aber was heißt denn nun „jüngster Tag?"

Es ist immer der Tag, der am jüngsten, am neuesten ist, der noch nicht alt ist, es ist nicht gestern, vor einer Woche oder vor Jahrhunderten. Es ist nicht Morgen, in einem Jahr oder irgendwann – es ist immer „Heute." Jetzt. Ganz frisch und neu. Das jüngste Kind in einer Familie ist im Vergleich zu den anderen Kindern immer klein, eben noch nicht so alt wie die anderen. Da wir mit diesem festen Begriff immer eine Nach-Todeszeit verbinden, ist es doch eigentlich nur ein anderer Ausdruck für unseren Sterbetag und für den Eintritt in das geistige Reich, ins Jenseits, wie wir es nennen.

Allerdings entscheidet dieser Eintritt in das geistige Reich ja auch wirklich über unseren Neuanfang in dem noch unbekannten Land namens „Jenseits." Dieser Neuanfang bringt uns in die neuen Seelen-Lebensumstände. Und die sind jeder menschlichen Seele ganz genau angepasst. Maßgeschneidert. Wie sie auch immer aussehen …

Wohin es eine Seele zieht, bestimmt sie selbst oder ihr eigener innerer Zug. Was ich hier auf Erden liebe, darin finde ich mich dort wieder. Das ist das „Gericht." Es kommt nicht dramatisch von außen von Gott, der irgendwo drohend auf dem Richterstuhl sitzt und jedem Neuankömmling streng die Richtung weist, sondern aus uns selbst. Wir sind durch Deinen Geist in uns unser eigener Richter.

Das sollte jeder verinnerlichen.

Aber wir müssen nicht in der Sphäre bleiben, in der wir in Dein geistiges Reich eintreten, wir können auch „dort" noch unsere Lebensumstände verändern und anderen Sphären entgegenreifen.

Davon bin ich überzeugt, mein Jesus.

Du hältst uns die Türen offen, aber wir müssen uns verändern wollen. Dieses Wollen und Bereuen und die Reue für begangenes Unrecht ist die Voraussetzung für eine Veränderung, um jenseitige Lebensumstände zum Besseren zu wenden. Denn auch „dort" kann man sich entwickeln und Dir immer näher kommen – so man es wirklich aus tiefstem Herzen will. Das glaube ich nicht nur, das weiß ich.

In Liebe, Deine Ute

Deine Wiederkunft,

mein Herr und mein Gott, wird geistig sein, das schrieb ich schon einmal kurz. Aber wie haben wir uns das vorzustellen? Was passiert dann, wenn du zwar kommst, aber nicht leiblich sichtbar erscheinst? Ganz genau und sicher kann diese Frage wohl noch kein Mensch beantworten, aber ich denke oft darüber nach und habe für mich auch Antworten gefunden. Aber es sind nur meine menschlichen Erklärungen und Überlegungen.

Viele Menschen unserer glaubenslosen, nüchternen Welt, in der nur noch Verstand und Eigennutz regieren, in der die neuen Götter „Technik" und „Geld" heißen, werden irgendwann durch irgendetwas erkennen, dass es Dich doch gibt und sich zu Dir hinwenden. Und damit wird der Prozess Deiner Wiederkunft eingeleitet werden. Diese Erkenntnis und Umwandlung des Menschen wird nicht von heute auf Morgen geschehen. Vermutlich muss die Menschheit erst sehr böse Erfahrungen machen, ehe sie sich eines Besseres besinnt. Wir müssen wohl immer erst durch die Nacht gehen, ehe wir den neuen Morgen erleben dürfen. Aber wenn der Prozess einmal eingeleitet ist, dann ist die Entwicklung durch nichts und niemand mehr aufzuhalten.

Du verfolgst Dein Ziel mit uns, auch wenn es manchmal scheint, als hättest Du uns vergessen. Oh nein! Du hast uns Menschen nie vergessen, Du wirst es nie tun. Deine Zeit ist nur eine andere als unsere, und Deine Pläne sind auch nicht unsere ...

Wenn aber Menschen sich endlich wieder auf Dich besinnen und in Deinem Sinne leben, wenn also Liebe und Menschlichkeit siegen und es keine Kriege mehr geben wird, ist die Zeit Deiner Wiederkunft gekommen, und dann wird die kranke Menschheit endlich gesunden. Dann bist Du in die Menschenherzen eingezogen. Die Vorstellung erscheint mir wie das Paradies und im Moment noch als eine Illusion. Aber: So schlimm wie die Zeit auch heute ist, weisen doch viele Merkmale darauf hin, dass die Zeit der Wandlung nicht mehr allzu fern sein kann. Man muss nur Augen haben zu sehen und Ohren zu hören ...

Ich habe jedenfalls die Hoffnung, dass es für uns Menschen, die wir zurzeit noch wie gebannt in einer geistig finsteren Nacht verharren, irgendwann einen neuen, hellen Morgen geben wird! Bis dahin sei Du, mein Jesus, uns, der ganzen Menschheit gnädig! Und ich bitte Dich: Pass auf mich auf, damit ich Dir, was auch immer geschehen mag, treu bleibe ...

In Liebe und Vertrauen, Deine Ute

Fremd fühlen

Mein geliebter Jesus, unsere Welt ist so schön. Was haben wir für eine Vielfalt an Tieren, Pflanzen, Farben und Gerüchen. Du hast alles so wunderbar für uns eingerichtet ... Und wenn die Sonne scheint, dann scheint alles zu leuchten. Und doch fühle ich mich manchmal fremd hier, als wenn ich nicht mehr dazugehören möchte. Fremd im eigenen Leben ...

Ja, sie ist schön unsere Welt, aber nur äußerlich. Geistig gesehen ist sie dagegen dunkel, nachtdunkel. So viele Menschen, die sich von Dir abgewandt haben und auch nichts mehr von Dir wissen wollen oder die sich dem Bösen verschrieben haben, vielleicht sogar, ohne es zu wissen oder zu bemerken. Sie kümmern sich nicht um ihre unsterbliche Seele. Eigentlich unsterblich, denn darauf gibt es von Dir aus keine grundsätzliche Garantie.

Denn auch sie, die Seele, kann im schlimmsten Falle zerstört und in ihre Bestandteile zerlegt werden. Ich will es mir nicht vorstellen, wie schlimm das ist.

Aber die meisten Menschen sind ja nicht von Grund auf böse, sondern einfach nur gleichgültig, stets auf ihren eigenen Vorteil bedacht, gehen sie über die Belange der anderen skrupellos hinweg, glauben an nichts und am wenigsten an Dich.

Und diese dunkle Seelenhaltung so vieler Menschen legt sich wie ein Schleier geistiger Dunkelheit über die ganze Welt, beeinflusst und beeinträchtigt die, die guten Willens sind. Keiner kann sich diesen schlechten Einflüssen entziehen, und das macht mir Angst. War es früher auch schon so schlimm, oder ist es tatsächlich heutzutage so viel schlimmer als früher? Jedenfalls empfinde ich es als beklemmend. Doch so viel hat sich ja wirklich zum Negativen entwickelt. Das Leben war früher beileibe kein Zuckerschlecken, ich möchte die Umstände meiner Kindheit nicht mehr zurückholen, aber es gab nicht so viele Verbrechen wie heute, nicht so viel Egoismus, Grausamkeit und Unmenschlichkeit. Manchmal zweifelt man überhaupt am Menschsein einzelner, soweit scheinen sich einige schon davon entfernt zu haben. Es sind zwar zahlenmäßig nur wenige, wenn man die Bevölkerung als Ganzes sieht, aber es sind trotzdem zu viele. Und mir kommt vor, als seien es gerade sie, diese wenigen, die uns, den großen Rest der Menschheit beherrschen.

Wie enttäuscht und traurig wirst du sein über Deine von Dir so geliebten Menschenkinder, für die Du einst einen unfassbar großen Plan gehabt hast und Mensch geworden bist! Wir brauchen ja nur an unsere Eltern, Mütter und Väter, zu denken. Wie traurig sind sie, wenn ihre Kinder auf die schiefe Bahn geraten oder sich von ihnen abwenden! Wie viel schwerer wiegt unsere menschliche Untreue Dir gegenüber! Doch ich bin sicher, dass Du irgendwann eingreifen wirst, damit Dein großes Werk nicht verloren geht. Dann aber können wir nur noch auf Deine Gnade hoffen.

In Liebe, Deine Ute

Deine Gnade

Mein Jesus, wir sprechen manchmal von „Gnade vor Recht ergehen lassen." Und genau dieser Sinn liegt in dem Wort „Gnade." Ein merkwürdiges Wort, das man schwer erklären kann. Immer kommt vor der Gnade die Gerechtigkeit. Erst wenn die Gerechtigkeit „schuldig!" gesagt hat, kann Gnade walten. Sie ist also immer unverdient. Auf der Erde ist es der Höchste eines Landes, der ein Gnadengesuch unterschreiben kann, aber er muss es nicht. Er, der Oberste im Staat, ist für seine Entscheidung keinem mehr Rechenschaft schuldig. Gnade heißt also auch: „Schuldig, aber ich erlaube dir trotzdem, weiter zu leben."

So ist es auch bei Dir. Wenn Du Gnade gewährst, ist Deine Entscheidung unanfechtbar und genau wie hier auf Erden, immer unverdient. Denn schuldig sind wir vor Dir ja leider alle. Manche Menschen merken es nicht einmal, wenn Deine Gnade über ihnen ausgegossen wird, andere wiederum begreifen dieses unverdiente Geschenk als vermutlich letzte

Chance und lassen es von da an ihr Leben bestimmen. Wir können zwar um Gnade und Erbarmen flehen, aber einfordern können wir beides nicht. Du gewährst Gnade nur, wann und wem Du willst.

Zuerst aber spricht Deine Gerechtigkeit, allmächtiger Gott, das Machtwort. Wir können uns ihr nicht entziehen. Ich empfinde diese Vorstellung als tröstlich, aber gleichzeitig auch beängstigend. Denn wer weiß schon, welche Maßstäbe Du anlegst! Sie sind viel feiner und genauer als unsere. Und wir täuschen uns ja auch nur zu gern über uns selbst, sehen sozusagen den Balken im eigenen Auge nicht. Nur den kleinen Splitter im Auge eines anderen, den bemerken wir wohl! Mit ihm sind wir streng! Wenn aber Du dann auch nur streng nach der Gerechtigkeit urteilen würdest, wenn es in Dir und bei Dir, geliebter Jesus, nicht Liebe, Gnade und Erbarmen gäbe, dann sähe es sehr übel für uns aus, fürchte ich.

Deine Ute

Frieden

Mein geliebter Jesus, wie paradiesisch könnte das Leben auf der Erde sein, wenn es Frieden gäbe. Aber nein, immer ist irgendwo Krieg zwischen den Völkern. „Es kann wirklich der Frömmste nicht in Frieden leben, wenn es dem bösen Nachbarn nicht gefällt" sagt ein altes Sprichwort. Und so ist es. Wir schaffen es ja leider nicht einmal, Frieden in unserer eigenen kleinen Welt zu halten, wie soll es dann nur im großen Weltgefüge machbar sein?

Immer bestimmt die Gier nach Macht und Geld einzelner, ob andere Völker in Frieden ihr Leben verbringen können oder nicht. So wenige Menschen haben so viele Tote und so unendlich viel Leid auf dem Gewissen. Und sie werden vor kein weltliches Gericht gezerrt und nie verurteilt, weil sie schon so viel Macht haben, dass sie über dem Gesetz zu stehen scheinen. Über dem weltlichen Gesetz wohlgemerkt – nicht über Deinem ... Deine Mühlen mahlen langsam, doch vortrefflich fein ...

Frieden, der Traum der meisten Menschen bleibt in unserer Welt anscheinend für immer ein unerfüllbarer Traum, so Du uns nicht zwingst, ihn zu halten und uns durch diesen Zwang auch den freien Willen nehmen würdest.

Doch es gibt noch den Frieden mit und in Dir. Man kann ja auch mit Dir im Unfrieden sein, wenn man Dich verantwortlich macht für persönliches Unglück, das wir oft selbst zu verantworten haben. Doch wer es schafft, mit sich selbst im Reinen zu sein und sich so zu akzeptieren, wie er ist, wer Dich nicht für alles Unglück verantwortlich macht und Dich anklagt, sondern Deine Entscheidungen demütig annehmen kann – der trägt schon ein Stückchen Paradies in sich. Das glaube ich.

Deine Ute

Unsere Zeit

Mein Jesus, unsere Zeit steht in Deinen Händen. Wir können machen, was wir wollen, um sie zu verlängern, es wird uns nicht gelingen. Du bestimmst, wann wir in das irdische Leben eintreten und wann wir es wieder verlassen und in das neue Leben „umziehen." Wir können unsere Lebenszeit zwar verkürzen, indem wir uns das Leben nehmen, was ich persönlich als Sünde gegen Dich empfinde, aber nach Belieben verlängern können wir sie nicht.

Und was das Abkürzen betrifft, will ich es beileibe nicht verurteilen, wenn der Mensch todkrank ist und unerträgliche Schmerzen leiden muss. Darüber wage ich gar nicht zu spekulieren, denn keiner weiß, was er in so einem Falle selbst tun würde. Ich glaube, dass Du den Menschen, die am Ende ihres Lebens stehen und ihre Schmerzen nicht mehr ertragen zu können glauben, auch ihre verzweifelte Entscheidung verzeihst.

Aber leichtsinnig das von Dir geschenkte Leben wegen scheinbar unlösbarer Probleme wegzuwerfen, sich also als undankbar Dir gegenüber zu erweisen, erfüllt mich mit Entsetzen, wenn ich davon höre. Ich wage mir kaum vorzustellen, wie sehr die Betreffenden ihre Tat bereuen müssen, denn sie werden schnell merken, dass sie nicht wirklich „tot" und ihre Probleme nicht verschwunden sind. Im Gegenteil, sie sind nun noch größer geworden, ohne Möglichkeiten, sie zu lösen ...

Ich habe ein Buch gelesen, in dem ein Mensch erleben durfte, wie verzweifelt ein Selbstmörder seine Angehörigen um Verzeihung bat – und natürlich nicht gehört werden konnte.

Aber das muss letzten Endes jeder selbst entscheiden. Der freie Wille ... Nur denkt der Mensch oft nicht an die Folgen, so er sich überhaupt Folgen vorstellen kann. Er glaubt vermutlich gar nicht an ein Weiterleben der Seele.

Meine Zeit steht in Deinen Händen. Manchmal wüsste ich gern, wie lange oder wie kurz meine Zeit noch ist. Ich würde mich gern vorbereiten, denn das vernachlässigen wir ja gewöhnlich! Doch wir sollen ja jeden Tag so leben, als könnte es der letzte sein. Leider kann ein Mensch das nur selten. Er plant und sorgt, lebt auf die Zukunft zu. Lebt, als wenn er ewig hier auf Erden verweilen dürfte. Er lebt zwar tatsächlich ewig, aber zum Glück nicht auf dieser dunklen Erde.

Geliebter Jesus, meine Zeit bestimmst Du, und ich kann sie Tag für Tag nur dankbar aus Deinen Händen nehmen.

In Dankbarkeit, Deine Ute

Unsere kranke Welt

Geliebter Jesus, allmächtiger Gott, du liebst uns Menschen mehr, als wir uns vorstellen können, denn Du hast Deinen ganz speziellen Plan mit uns. Deshalb liegt Dir, obgleich Dir Trilliarden – das ist die höchste Zahl, die ich benennen, aber mir längst nicht mehr vorstellen kann – Sonnen und Planeten im unvorstellbar großen All unterstehen, unsere kleine Erde besonders am Herzen. Das ist keine verrückte Einbildung von mir, das weiß ich. Du hast es oft genug gesagt, es wird nur nicht geglaubt. Ausgerechnet hier, hier auf dieser kleinen dunklen Erde bist Du Mensch geworden und hast Dich wie einen Verbrecher ans Kreuz nageln lassen. Hier und sonst nirgendwo anders, wo in der weiten Unendlichkeit auch noch unzählbar viele Menschen leben.

Aber Dein Augenmerk ist besonders auf uns gerichtet.

Und nun stelle ich mir unsere Erde als ein lebendes Wesen vor, das wie ein Mensch krank ist. Todkrank.

Ich „sehe" in meiner Vorstellung, wie sich tiefschwarze Dunkelheit auf ihr ausbreitet. Man könnte dieses Dunkel, das der Glaubenslosigkeit und Unwissenheit deiner Lehre entspricht, mit einem Kraken vergleichen. Überall schieben sich diese schrecklichen Arme in die noch einigermaßen gesunden Teile der Welt, zersetzen sie genauso, wie ein bösartiger Krebs den Menschen zersetzt, und nehmen sie mehr und mehr in ihren Besitz, zwingen die Welt – und damit auch ihre Menschen – unter ihre üble, verkommene Herrschaft. Zugegeben ein sehr phantasievolles Bild, das ich hier ausmale, aber eigentlich gar nicht unrealistisch.

Der Glaube an Dich scheint immer mehr abzunehmen, immer mehr Menschen hängen falschen Göttern an, die ihnen vermeintlich alles bieten, was sie zu ihrem Glück oder zu ihrem Machtstreben zu brauchen glauben. Ich schrieb es schon einmal: Geld und Gier und Macht und die Technik sind die neuen Götter unserer Zeit. Wirklich vollkommen entziehen kann sich kein Mensch mehr diesen Einflüssen. Das Krebsgeschwür ist riesig, und das Schreckliche: Wir merken es kaum noch, lassen uns von diesen giftigen Dünsten einnebeln und betäuben, lassen uns von der scheinbaren Freiheit blenden und erliegen den Einflüsterungen Deines Widersachers, die uns immer weiter von Dir wegführen. Oder ist das alles nur Gleichgültigkeit? So nach dem Motto: Solange es mir gut geht, geht mich weder Gott noch der Nachbar etwas an?

Und dann stelle ich mir vor, wie sehr Du Dich nach unserer Liebe und Hingabe sehnst, danach, dass Deine Gesetze eingehalten werden. Wie oft Du schon gewarnt hast, wie tieftraurig Du sein musst, dass wir uns so weit von Dir entfernt haben und uns noch immer weiter wegentwickeln. Du hast so unglaublich viel Geduld mit uns, willst nicht eingreifen, denn dann werden wir Deinen, Gottes Zorn und Seine Gerechtigkeit, voll zu spüren bekommen. Und vor Deinem Zorn und Deiner Gerechtigkeit haben wir allen Grund, uns zu fürchten. Doch noch hast Du Geduld mit uns Menschen, streckst uns Deine Hand entgegen.

Mögen wir sie doch noch rechtzeitig ergreifen! Das hofft von Herzen und in Liebe

Deine Ute

Das laute Leben

Mein geliebter Jesus, ich schrieb von der kranken Welt, die uns von Dir abzieht. Und nun möchte ich versuchen in Worten auszudrücken, was mir dazu noch durch den Kopf ging, nämlich, warum wir Menschen so seelenkrank geworden sind und vielfach kaum oder überhaupt keine Gedanken mehr für Dich haben.

Das Leben ist laut geworden, wobei ich nicht nur den Lärm, den Menschen, Flugzeuge und Maschinen machen, meine, sondern einen anderen Lärm. Fernsehen, die modernen technischen Errungenschaften, interessante Unterhaltung und Abwechslung buhlen lautstark wie die Marktschreier um unsere Gunst. Die verschiedensten Möglichkeiten, sich Freuden und Vergnügungen jeder Art zu verschaffen, winken und locken an allen Ecken und Enden, wir werden vollgedröhnt mit Werbung und Nachrichten aus aller Welt. Wir können uns dem lauten Getriebe, den Verlockungen der Technik, die längst unseren Alltag beherrschen, nicht verwehren. Sie, die

Technik, ist einfach da und bestimmt teilweise unser Leben, ohne dass es uns überhaupt noch bewusst wird, so alltäglich ist sie für uns geworden.

Das alles und noch mehr, mein Jesus, hält „die Welt" um uns herum für uns bereit. Wenn ich von „der Welt" hier rede, dann meine ich natürlich, wie Du weißt, nicht etwa die Erde. Ich meine damit Deinen Widersacher, der es darauf abgesehen hat, uns von Dir zu trennen, indem er uns scheinbares Glück mit diesem oder jenem vorgaukelt. Er will uns wegziehen von Deiner Liebe und in seinen Machtbereich bringen. So sorgt er also dafür, dass wir so viel Ablenkung und Beschäftigung mit anderem bekommen, damit wir nicht auf Deine Stimme hören. „Brot und Spiele", die alte römische Art, das Volk ruhig zu halten und nicht allzu viel nachzudenken, damit es sich nicht gegen den Kaiser erhob.

Er, Dein Widersacher, lockt mit den süßesten und verführerischsten Tönen. Und wir verblendeten, treulosen Menschen wurden bei all dem Geschrei taub für Deine leisen Worte.

Das ist der Kampf um uns Menschen. Du, mit Deiner tiefen Liebe und der großen Freiheit, die Du uns gegeben hast, dringst nur noch selten bis in unsere Herzen vor. Ich komme noch einmal auf den Marktschreier zurück: Wo stehen die meisten Menschen auf einem Markt? Doch bei dem, der am lautesten schreit und wirbt und dabei schamlos lügt, wenn er die Vorteile seines Produktes hervorhebt. Genauso ist es mit Deinem Widersacher, dessen Namen ich hier bewusst nicht nennen mag. Er lügt mit all den Blendwerken, aber wir sind schon so abgestumpft oder blind geworden, dass wir es nicht mehr durchschauen. Du weißt das alles noch viel besser als ich, die ich ja nur einen winzig kleinen Teil erkenne und doch auch gleichzeitig mittendrin stehe und meinen persönlichen Kampf führe.

Du dagegen vermeidest jeden Einfluss, willst Deine Kinder nicht betören, sondern sie sollen freiwillig und trotz aller Versuchungen der Welt zu Dir kommen. Deine Stimme ist leise und geht nur zu oft im Weltgetöse unter. Aber ich bin sicher, dass Du deine Kinder nie verlassen und auf Deine spezielle Art um sie kämpfen wirst – aber nicht aus

Machtbestreben, sondern aus Liebe, um sie zu retten.

Das glaubt ganz fest Deine Ute

Sünden mit Deinen Augen sehen

Mein geliebter Jesus, heute las ich, dass es gut wäre, wenn wir unsere Sünden mit Deinen Augen sehen könnten. Und darüber bin ich direkt erschrocken. Das stelle ich mir schrecklich vor! Wir, die wir gar nicht schnell etwas als Sünde ansehen und schon gar nicht als schwere Sünde, wir einfachen Menschen, die wir uns gewöhnlich an die Gesetze halten und folglich alles, was von Staats wegen erlaubt ist, törichterweise für harmlos halten, würden wohl zu Tode erschrecken, wenn wir unser Handeln mit Deinen Augen sehen müssten. Denn Deine Gesetze sind nicht unsere Menschengesetze! Wenn wir aber glauben, dass alles, was von Staats wegen legal ist, auch vor Dir rechtens ist, dann sind wir auf dem Holzweg. Oder vielleicht auch einfach nur dumm. Aber wir kennen kaum noch den Unterschied. Jedenfalls richtest du Dich in der Beurteilung von Gut oder Böse, von Richtig oder Falsch nicht nach den jeweiligen Gesetzen in den verschiedenen Völkern oder Staaten. Du hast Deine eigenen Gesetze, und die hast Du uns auch einst gegeben, zwar vor langer Zeit, aber sie sind ewig gültig.

Und so sind wahrscheinlich viele, viele Handlungen, die sogar Deine Anhänger und Freunde oder auch die Gutgewillten noch sorglos tolerieren, in Deinen Augen rabenschwarz. Wenn wir nun unsere Seele mit Deinen Augen sehen könnten oder müssten, dann würden wir uns vor uns selbst entsetzen. Wir würden uns vor Scham verkriechen wollen und uns fragen, wie wir so tief sinken konnten, nachdem jeder Mensch einmal mit reiner unschuldiger Seele auf die Welt gekommen ist. Wir haben unsere Unschuld samt und sonders verloren. So unglaublich viele schmutzige und schwarze Flecken würden wir sehen, so viele abscheuliche Handlungen und Worte, die wir längst vergessen haben oder die uns nie bewusst geworden sind, würden uns anspringen!

Wie mag dann erst die Seele derer aussehen, die bewusst Böses tun, grausam sind, betrügen, Kriege anzetteln um des Geldes oder der Macht willen?! Ich will es mir nicht vorstellen, und es ist auch nicht meine Sache. Ich brauche nur auf meine eigenen Sünden zu schauen. Jeder ist nur für seine eigene Seele verantwortlich. Ich hoffe aber inbrünstig, dass Du uns, um unsere Schwäche genau wissend, trotzdem mit milden Augen betrachtest. Als Mensch könnte ich einen anderen nicht mehr lieben, wenn dieser andere so gegen mich handeln oder wirken würde wie wir gegen Dich. Und Du? Du liebst uns noch immer. Was macht uns bloß in Deinen Augen überhaupt noch liebens-wert, fragt sich beklommen und demütig,

Deine Ute

Verwalter meines Lebens

Geliebter Jesus, wie schade, wie unendlich schade, dass man meistens immer erst im Alter die tieferen Erkenntnisse hat. Während der Jugendzeit und dem mittleren Alter hat der arbeitende Mensch bis auf eher wenige Ausnahmen kaum die Möglichkeiten, sich so tief in Dich zu versenken und Dich besser und besser kennen zu lernen, zu verstehen und vieles einzusehen, das uns selbst betrifft. Denn das Leben mit seinen Anforderungen verlangt seinen Tribut – die Anforderungen im Beruf, Kinder, Kampf ums Geld zum Überleben, Sorgen, Kummer, die Angriffe der anderen Seite, die uns von Dir und dem Weg zu Dir abziehen.

Im Alter wird manches unwichtig, und man hat Zeit zum Nachdenken, Begreifen. Anderes wieder tut seelisch nicht mehr so weh, die Kinder sind aus dem Haus, man muss nicht mehr unbedingt dies oder das tun, und wenn man es trotzdem macht, dann geschieht es freiwillig. Die zunehmende körperliche Schwäche macht vielen klar, dass sie Dich brauchen.

Ich weiß schon lange, wie sehr ich Dich brauche und dass ich ohne Dich nichts bin. Überhaupt nichts vermag. Und das ist nicht nur körperlich gemeint.

Ich habe Dir mein Leben übergeben, das Du mir einst geschenkt hast. Ich gehöre Dir. Und wieder einmal im Halbschlaf tat sich mir die Frage auf: Was bin dann eigentlich **ich,** wenn ich Dein Eigentum bin? „Ich bin der Verwalter meiner mir von Dir gegebenen Seele, also meines Lebens, und meines mir ebenfalls von Dir gegebenen Körpers", gab ich mir selbst die Antwort.

Verwalter gibt es in Schlössern oder großen Häusern, auf Gütern oder großen Bauernhöfen. Mein Körper ist das Haus meiner Seele hier auf Erden. Notgedrungen kümmere ich mich als Verwalter viel um dieses Haus, das schon überall ächzt und mir ziemlich morsch erscheint. Aber als guter Verwalter tue ich, was ich kann, um es so lange am Funktionieren zu erhalten, wie Du es willst. Das ist also der Körper.

Was aber ist mit meiner Seele? Wie gut mag ich sie, also mein Leben, für Dich verwaltet haben? Ich weiß es nicht. Denn die Seele sieht man hier bei uns nicht, und sie meldet sich ja meistens nur über den Körper oder über Gefühle. Ich habe ihr gegenüber oft nicht die notwendige Sorgfalt verwendet. Wie viele graue oder schwarze Flecken an ihr habe ich verschuldet? Oder ist sie durchgehend grau – gar schwarz?! Grässlicher Gedanke! Doch ich hoffe auf Dich, dass Du mich angesichts meiner menschlichen Schwäche auch mit milden Augen ansiehst und meine Seele von ihren Flecken auch wieder reinwäschst und ihre Wunden heilst. Denn Wunden hat sie auch zur Genüge auf diesem beschwerlichen Weg durch das Erdenleben bekommen.

Es gibt eine Ballade von Loewe, „Die Uhr", die mir hier dazu einfällt. Da wird die Uhr, die stehenbleibt – das Herz – am Ende zum Meister zurückgebracht. Und es heißt am Schluss: „Sieh Herr, ich hab' nichts verdorben, sie blieb von selber steh'n."

Wie kindlich wunderschön, wenn das jemand von sich selbst sagen kann! Dann hat er Seele und Geist gut verwaltet und beides unverdorben zum Ihm, dem großen Meister, zurückgebracht ...

In Liebe und Demut, Deine Ute

Abschied nehmen

Mein Jesus, wir müssen in unserem Leben oft Abschied nehmen. Abschiede tun gewöhnlich weh, denn sie bedeuten Verlust. Wir nehmen Abschied von geliebten Menschen, vorübergehend oder dauerhaft, von Tieren, Gewohnheiten, Fähigkeiten, von Gesundheit und Träumen.

Wir müssen lernen, loszulassen, je älter wir sind, desto mehr haben wir schon loslassen müssen, oft unter Schmerzen und Verzweiflung. Die Abschiede auf den Friedhöfen mehren sich mit fortschreitendem Alter, und so werden wir auch immer öfter mit der eigenen Endlichkeit konfrontiert.

Ich habe schon viele Abschiede und Verluste erlitten, große und kleine, Du weißt es. Angefangen in jungen Jahren, als wir aus der Heimat flüchten mussten. Der Verlust der Heimat hat mich lange, lange gequält. Und fängt jetzt im Alter seltsamerweise wieder zu schmerzen an. Und dann die vielen Abschiede von all den Menschen, die ich geliebt oder hoch geschätzt habe.

 So müssen wir hier auf Erden das Abschiednehmen und Loslassen üben und lernen. Denn eines Tages müssen wir unser irdisches Leben loslassen, wir dürfen uns nicht zu sehr an das Hier und Jetzt klammern, damit unsere Seele möglichst leicht den Körper verlassen kann.

Ich wünsche mir sehr, dass ich, wenn die Zeit gekommen ist, leicht loslassen kann, voller Hoffnung auf Dich und eine Zukunft mit und in Dir.

Das ist mein sehnlicher Wunsch.

In Liebe und Demut, Deine Ute

Freude

Freude heißt die starke Feder
In der ewigen Natur.
Freude, Freude treibt die Räder
In der großen Weltenuhr.
Blumen lockt sie aus den Keimen,
Sonnen aus dem Firmament,
Sphären rollt sie in den Räumen,
Die des Sehers Rohr nicht kennt.

Friedrich von Schiller

Wie wahr! Mein Jesus, kein Mensch, der es nicht
selbst erlebt, wird verstehen, welche
unbeschreiblich große Freude dessen Herz erfüllt,
der sich mit dir verbunden fühlt und mit dir in die
Stille geht. Denn diese Freude, die den ganzen
Körper durchflutet, kann man nicht mit Worten
beschreiben, dafür ist unsere Sprache zu arm. Und
sie hat nichts mit unserer Welt zu tun.

Über meinem Bett hängen ein paar Sprüche, die ich
besonders schätze. Zum Beispiel:

Glücklich der Mensch, der mit Mir in Gemeinschaft lebt.

Ja, ich kann es bestätigen. Ich bin trotz aller gesundheitlichen Probleme, die mich quälen, glücklich, weil ich Dich als den größten Schatz im Herzen trage.

Du, mein Jesus, bist der beste Herr, den wir uns überhaupt denken können. Du stehst nicht mit der Peitsche hinter uns und sagst: "Tu dies, tu das!" Du lässt uns unsere große Freiheit, hast uns nur Gebote gegeben, einen Rahmen. Und dann liegen die Entscheidungen bei uns, ob wir unter Deinem Dach leben wollen oder unter dem des anderen. Es gibt nur diese beiden Möglichkeiten.

Ach, warum, warum erkennen wir Menschen das so schwer, warum begreifen die wenigsten, dass in Deinem Hause Freiheit und Freude herrschen. Du jedenfalls bist um unser aller Wohl besorgt, du kämpfst mit Deiner Geduld und Barmherzigkeit und Deiner großen Liebe auf so leise und wahrhaftige Art um uns. Du wirst uns nie, niemals mit falschen

Versprechen verlocken und mit Lügen in die Irre führen. Denn Du bist die Wahrheit.

Aber der Weg zu Dir ist schmal und unbequem, und es ist oft nicht leicht, ihn zu gehen, auch wenn Du am Ende dieses Weges auf uns wartest. Wir müssen durch große Prüfungen, die uns das Erdenleben schwer machen. Und doch reifen wir daran. Das ist der Sinn des Altwerdens. Zu reifen und zu erkennen, wozu das eine und das andere gut war in unserem Leben und wohin wir gehen. Liebe und Dankbarkeit Dir gegenüber erzeugen eine tiefe Freude. Dann spüren wir Deine Gegenwart in uns.

Du bist das größte Wunder und der größte Segen, der dieser Erde und ihren Menschen geschehen ist. Du bist aus Barmherzigkeit einst zu uns gekommen. Und Du neigst Dich noch immer in Deiner Gnade tief zu uns schwachen Menschen herunter und streckst uns deine Hand entgegen. Wir müssen sie nur ergreifen. Aber ein bisschen Mut braucht es schon, den Weg nach innen einzuschlagen ...

Du bist in meiner Vorstellung so unendlich viel für uns! Du bist der sichere Hafen, in den unser im

Sturm des Lebens hin und her geworfenes Lebensschifflein einlaufen kann, Du bist der Leuchtturm, der uns den dunklen Weg voller großer und kleiner Steine und Hindernisse erhellt, auf dass wir vorsichtig gehen und aufpassen, wohin wir treten, Du bist das Geländer, das uns vor dem Absturz in den Abgrund bewahrt, und Du bist der helle Morgen nach der finsteren Nacht mit ihren Albträumen und Gefahren ...

Bewahre Du, mein Jesus, mich auch noch auf den letzten Metern meines irdischen Lebens, halte mich fest in Deiner lieben Hand.

Ich bin und bleibe mit Deiner Hilfe Deine Ute in Ewigkeit. Amen.

MIX

Papier | Fördert
gute Waldnutzung

FSC® C083411

Zeitfracht Medien GmbH
Ferdinand-Jühlke-Straße 7
99095 Erfurt, Deutschland
produktsicherheit@kolibri360.de